王瑋 著

通鑒

——司馬光評史

中華書局

通鑑

——司馬光評史

責任編輯：許　穎
裝幀設計：高　林
排　　版：陳美連
印　　務：劉漢舉

作者　王　瑋

出版　中華書局（香港）有限公司
香港北角英皇道 499 號北角工業大廈一樓 B
電話：（852）2137 2338　傳真：（852）2713 8202
電子郵件：info@chunghwabook.com.hk
網址：http://www.chunghwabook.com.hk

發行　香港聯合書刊物流有限公司
香港新界大埔汀麗路 36 號
中華商務印刷大廈 3 字樓
電話：（852）2150 2100　傳真：（852）2407 3062
電子郵件：info@suplogistics.com.hk

印刷　美雅印刷製本有限公司
香港觀塘榮業街 6 號 海濱工業大廈 4 樓 A 室

版次　2019 年 6 月初版

規格　32 開（205mm×142mm）

ISBN　978-988-8572-91-5

本書繁體版由黨建出版社授權出版。

前言

公元一〇一九年，司馬光出生於河南光山的一個官宦家庭，父親司馬池就是光山知縣。因其祖籍夏縣涑水鄉（今山西夏縣），所以世人尊稱「涑水先生」。司馬光從小就不同凡響。七歲那年發生了兩件事：一件是婦孺皆知的「司馬光砸缸」，當時即被人畫成圖像，廣為流傳；另一件事的意義可能更為深遠，司馬光聽人講《春秋左傳》入了迷，回家就能把大意複述給家人聽，並從此手不釋卷，尤其喜好讀歷史書。

也許是受從小飽讀經史的影響，司馬光是儒家禮義道德的堅定信奉者和踐行者。他嚴守孝道，父母去世，嚴格按照禮制，守喪累年；他崇尚禮義，龐籍舉薦他為官，龐籍去世，他像侍奉自己母親一樣照顧龐籍的夫人，像愛護兄弟一樣撫育龐籍的孩子；他清正廉明，位至高官，在洛陽卻只有三頃田地，妻子去世，賣田才得以安葬；他忠君體國，宋仁宗晚年無子，卻遲遲不立皇儲，司馬光不顧個人安危多次上書請求立儲，甚至當面向仁宗嚴肅指出，如果不及早立儲，一旦皇帝病危，宮中宦官封鎖消息，那麼唐朝宦官專權、擅自廢立皇帝的情形就會在宋朝重現！仁宗大受震動，從宗室中過繼了一位皇子，確立了皇位繼承人，即後來的宋英宗。

多年的諫官生涯充分展現了司馬光的政治才能，但他一直懷有史學上的抱負。自孔子作《春秋》以來，經《史記》《漢書》，直到北宋，歷代史書尤其是紀傳體史書卷帙浩繁，讀書人都難以讀完，更何況日理萬機的皇帝。於是司馬光決心編纂一部空前的編年體通史。公元一〇六六年，他率先完成記載從戰國初年到秦二世末年歷史的《通志》八卷，進獻給宋英宗。英宗高興地加以肯定，並命司馬光設立書局，自選助手，使用皇家藏書，由皇帝撥給經費，續修此書。公元一〇六七年，宋神宗即位，命司馬光為他讀此書，正式定名為《資治通鑑》，並賜御製序文。

此時，面對北宋中期日益加深的社會矛盾，神宗開始任用王安石變法改革，希圖振衰起弊，富國強兵。司馬光雖與王安石同年進士，卻是堅定的變法反對派。據說二人年輕時同受長官包拯敬酒，王安石說不喝酒那就一口不喝，司馬光也不喝酒，但包大人親自敬酒，為了尊卑上下的名分，還是硬着頭皮喝了下去。二人性格差異由此可見端倪。王安石變法大刀闊斧，卻忽視了執行中的種種弊病；司馬光把變法可能產生的害處都想到前頭，卻偏於保守。王安石執政，司馬光離開京城開封，到洛陽謀個閒職專心編書。

公元一〇八四年，《資治通鑒》全書編成，歷時十九年，如果加上前八卷《通志》的編寫，前後長達二十年以上。公元一〇八五年，神宗去世，即位的宋哲宗年幼，太皇太后高氏臨朝聽政。高太后反對變法，立刻起用變法反對派領袖司馬光為宰相。王安石的新法在推行中出現了嚴重弊病，司馬光此次回歸，京城萬人空巷，都盼着他能領導宋朝走出困境，解救百姓。二十多年間，司馬光為編纂《資治通鑒》耗盡了心血，牙齒都掉光了，頭髮也白了，但他不顧年老體衰，夜以繼日地投入到繁忙的朝政中去。一年多的時間，新法盡廢。公元一〇八六年，司馬光病逝，終年六十八歲，贈「溫國公」，謚「文正」，因此後人又尊稱他「司馬溫公」「司馬文正」。

司馬光深受國人愛戴，他去世時，上起太皇太后，下終街頭巷尾，近在皇城腳下，遠至嶺南父老，沒有不慟哭祭祀的。

儘管司馬光盡廢新法的舉措存在很大爭議，但他編纂的巨著《資治通鑒》和高尚的道德情懷着實是一筆寶貴的財富。《資治通鑒》二百九十四卷，三百八十餘萬字，記述了從戰國初年（公元前四〇三年）到五代末年（公元九五九年）一千三百六十二年的歷史，是我國第一部編年體通史。《資治通鑒》既刪繁就簡，又做到文筆生動；既年經事緯，時間清晰，又盡可能兼顧歷史故事的完整性。它的成功離不開司馬光及其助手的分工協作，劉攽負責兩漢，劉恕負責魏晉南北朝、隋，范祖禹負責唐，作出資料長編之後，由司馬光統稿刪定，加工潤色並撰寫史論。這種編寫方式既能發揮分工協作的長處，又能發揮主編的核心作用。

《資治通鑒》中的史論，即「臣光曰」部分，雖然篇幅不多，卻最能反映司馬光的獨到思想。司馬光身上雖有書生式的道德理想主義色彩，但他更是一位務實謹慎以至保守的政治家。他尤其注意政治穩定、防範風險，因此強調維護儒家禮制規範下的統治秩序。他反對激烈的變革，而是希望在穩定儒家禮制秩序的前提下，通過道德人心的改良達到大治。而他心目中禮制的核心則在尊君、在為君之道。司馬光曾談到治國要領，說自己一輩子的政治經驗、讀書心得總結起來，就六個字：官人、信賞、必罰，即選賢任能、賞罰分明。此外，他又指出君主修養內心的三個要領：仁、明、武，即仁愛臣民、明辨是非、執政果斷。《資治通鑒》全書一百餘條「臣光曰」大多圍繞這些方面來談。我們選取其中有代表性的、涉及重大歷史事件和重要歷史人物的五十五條，配以譯文和講評，並在講評中交代歷史背景，豐富歷史細節，希望能夠幫助讀者全面了解先秦至隋唐間那段波瀾壯闊的歷史，對司馬光和《資治通鑒》有更深入的認知。

歷史的鑒戒作用永遠不會過時，曾經為帝王「資治」「通鑒」的史書同樣可以為今人提供養分和啟發，發揮出它應有的價值。

目錄

宋神宗御制《資治通鑒》序

朕惟君子多識前言往行以畜其德，故能剛健篤實，輝光日新。《書》亦曰：「王，人求多聞，時惟建事。」《詩》《書》《春秋》皆所以明乎得失之跡，存王道之正，垂鑒戒於後世者也。

漢司馬遷石室金匱之書，據左氏《國語》，推《世本》《戰國策》《楚漢春秋》，採經摭傳，罔羅天下放失舊聞，考之行事，馳騁上下數千載間，首記軒轅，至於麟止，作為紀、表、世家、書、傳，後之述者不能易此體也。惟其是非不謬於聖人，褒貶出於至當，則良史之才矣。

若稽古英考，留神載籍，萬機之下，未嘗廢卷。嘗命龍圖閣直學士司馬光論次歷代君臣事跡，俾就秘閣翻閱，給吏史筆劄，起周威烈王，訖於五代。光之志以為周積衰，王室微，禮樂征伐自諸侯出，平王東遷，齊、楚、秦、晉始大，桓、文更霸，猶托尊王為辭以服天下；威烈王自陪臣命韓、趙、魏為諸侯，周雖未滅，王制盡矣！此亦古人述作造端立意之所繫也。其所載明君、良臣，切摩治道，議論之精語，德刑之善制，天人相與之際，休咎庶證之原，威福盛衰之本，規模利害之效，良將之方略，循吏之條教，斷之以邪正，要之於治忽，辭令淵厚之體，箴諫深切之義，良謂備焉。凡十六代，勒成二百九十四卷，列於戶牖之間而盡古今之統，博而得其要，簡而周於事，是亦典刑之總會，冊牘之淵林矣。

荀卿有言：「欲觀聖人之跡，則於其粲然者矣，後王是也。」若夫漢之文、宣，唐之太宗，孔子所謂「吾無間焉」者。

自餘治世盛王，有慘怛之愛，有忠利之教，或知人善任，恭儉勤畏，亦各得聖賢之一體，孟軻所謂「吾於〈武成〉取二三策而已」。至於荒墜顛危，可見前車之失；亂賊奸宄，厥有履霜之漸。《詩》云：「商鑒不遠，在夏後之世。」故賜其書名曰《資治通鑒》，以著朕之志焉耳。

譯文

朕感到，君子只有多多學習前賢的嘉言懿行以積聚自己的德行，才能剛健篤實，自我更新，發揚光輝。《尚書》也說：「君王應廣採眾學，時刻有所建樹。」《詩經》《尚書》《春秋》，都是用來了解得失，保存王道，垂鑒後世的經典。

漢代司馬遷依據皇家珍貴典藏，參考《左傳》《國語》，推及《世本》《戰國策》《楚漢春秋》，博採經傳，網羅天下散失舊聞，考證史事，縱橫馳騁於上下數千年間，以軒轅黃帝為開篇，直到漢武帝獵獲麒麟為止，作本紀、表、世家、書、列傳，後世史家都不能改變這種體裁。司馬遷著史，是非判斷不與聖人相悖，褒貶又極為恰當，是良史之才啊。

父皇英宗，留心典籍，雖日理萬機，也不曾荒廢讀書。曾命龍圖閣直學士司馬光論述和排列歷代君臣事跡，讓他到皇家秘閣翻閱藏書，為他提供辦事人員和筆墨紙硯，修撰始自周威烈王、止於五代的歷史。司馬光認為：周朝積弱，王室衰微，禮樂征伐出自諸侯，周平王東遷，齊、楚、秦、晉諸國開始強大起來，齊桓公、晉文公相繼稱霸，但此時尚托名尊王以使天下信服；到周威烈王將韓、趙、魏從家臣的地位升為諸侯時，周朝雖未滅亡，王制卻崩壞殆盡了！司馬光的這種觀點也是古人著書立說開篇立意所在。本書記載的明君、良臣，切磋治國之道，議論中的精辟語句，有關道德刑法的良好制度，天人關係，禍福的征兆，盛衰的原因，制度的效用，良將的方略、循吏的教化，判斷邪正的標准，決定治亂的關鍵，厚重的語言，深刻的大義，確實可以說完美了。全書共記載了十六個朝代的歷史，編成二百九十四卷，擺於室內而盡知古今之興衰治道，內容廣博而得其要領，敘述簡潔而記事周全，可以說是歷代典章制度的總匯，書籍簡牘的淵林了。

荀子有言：「想要知道聖王的遺跡，就要去看那些保存清楚明白的，也就是後王的治國之道。」像漢代的文帝、宣帝，唐代的太宗，都是孔子所說「我沒什麼可非議的」之類的明君。其餘治世中享有盛譽的君王，或有憂國憂民的仁心，或有忠直利國的教誨，或知人善任，或恭儉勤畏，也各能得到聖賢的一個方面，就像孟子說的「我從《尚書》〈武成篇〉那裏只取兩三點罷了」。至於荒墜顛覆的情況，可以作為前車之鑒；亂臣賊子的劣跡，可以使人防微杜漸，就像腳踩到薄霜就知道滴水成冰的寒冬就要來了一樣。《詩經》說：「商人心中的歷史鑒戒不遠，就在之前滅亡的夏朝。」因此，賜書名為《資治通鑒》，以表明朕的志向。

司馬光進《資治通鑒》表

臣光言：先奉敕編集歷代君臣事跡，又奉聖旨賜名《資治通鑒》，今已了畢者。

伏念臣性識愚魯，學術荒疏，凡百事為，皆出人下。獨於前史，粗嘗盡心，自幼至老，嗜之不厭。每患遷、固以來，文字繁多，自布衣之士，讀之不遍，況於人主，日有萬機，何暇周覽！臣常不自揆，欲刪削冗長，舉撮機要，專取關國家興衰，繫生民休戚，善可為法，惡可為戒者，為編年一書。使先後有倫，精粗不雜，私家力薄，無由可成。

伏遇英宗皇帝，資睿智之性，敷文明之治，思歷覽古事，用恢張大猷，爰詔下臣，俾之編集。臣夙昔所願，一朝獲伸，踴躍奉承，惟懼不稱。先帝仍命自選辟官屬，於崇文院置局，許借龍圖、天章閣、三館、秘閣書籍，賜以御府筆墨繒帛及御前錢以供果餌，以內臣為承受，眷遇之榮，近臣莫及。不幸書未進御，先帝違棄群臣。陛下紹膺大統，欽承先志，寵以冠序，錫之嘉名，每開經筵，常令進讀。臣雖頑愚，荷兩朝知待如此甚厚，隕身喪元，未足報塞，苟智力所及，豈敢有遺！會差知永興軍，以衰疾不任治劇，乞就冗官。陛下俯從所欲，曲賜容養，差判西京留司御史臺及提舉嵩山崇福宮，前後六任，仍聽以書局自隨，給之祿秩，不責職業。臣既無他事，得以研精極慮，窮竭所有，日力不足，繼之以夜。遍閱舊史，旁採小說，簡牘盈積，浩如煙海，抉擿幽隱，校計豪釐。上起戰國，下終五代，凡一千三百六十二年，修成二百九十四卷。又略舉事目，年經國緯，以備檢尋，為〈目錄〉三十卷。又參考群書，評其同異，俾歸一塗，為〈考異〉三十卷。合三百五十四卷。自治平開局，迨今始成，歲月淹久，其間抵牾，不敢自保，罪負之重，固無所逃。臣光誠惶誠懼，頓首頓首。

重念臣違離闕庭，十有五年，雖身處於外，區區之心，朝夕寤寐，何嘗不在陛下之左右！顧以駑蹇，無施而可，是以專事鉛槧，用酬大恩，庶竭涓塵，少裨海嶽。臣今骸骨癯瘁，目視昏近，齒牙無幾，神識衰耗，目前所為，旋踵遺忘。臣之精力，盡於此書。伏望陛下寬其妄作之誅，察其願忠之意，以清閒之宴，時賜省覽，鑒前世之興衰，考當今之得失，嘉善矜惡，取是舍非，足以懋稽古之盛德，躋無前之至治。俾四海群生，咸蒙其福，則臣雖委骨九泉，志願永畢矣！

謹奉表陳進以聞。臣光誠惶誠懼，頓首頓首，謹言。

譯文

臣司馬光進言：之前奉已故英宗詔敕編集歷代君臣事跡，又奉聖旨賜名《資治通鑒》，現在已經完成了。

臣天性愚昧、學識淺薄、學術荒廢不精，凡事都比不上別人。唯獨在學習前朝歷史方面比較盡心，從小到老，一直喜歡，從未厭倦。臣常常憂慮，司馬遷、班固以來的歷代史書文字繁多，就是一般讀書人都不能讀完一遍，更何況人主日理萬機，哪有時間遍讀呢？臣常常不自量力，想要刪繁就簡，舉其精要，專門搜集有關國家興衰、百姓禍福、善可為法、惡可為戒的史事，寫成一部編年體史書，使歷史事件先後有序，精粗不雜。

像這種龐大的工程，個人力量薄弱，不可能完成。幸好遇見英宗皇帝，他秉性睿智，施行仁政，想要通覽史事，以弘揚治國大道，於是下詔令臣編纂此書。臣昔日夙願，一朝得以實現，因此高興地接受這一詔令，只怕自己不稱職。先帝命我自主選聘僚屬，在崇文院設置書局，允許我借閱龍圖閣、天章閣、三館、秘閣的書籍，賜給我皇家御府提供的筆墨絲帛，以及皇家府庫的錢財用作經費，派內臣為我承擔具體事務，先帝對我的榮寵就是身邊的近臣也望塵莫及。不幸書還未成，先帝就棄群臣而去。陛下繼承大統，秉承先帝遺志，為本書寫序、賜名，每當與大臣講經論史之時，常常令我講讀此書。臣雖然頑固愚笨，但身負兩朝皇帝知遇之恩，就是付出生命代價也不足以報答，必要竭盡才智，為之付出一生心血。朝廷差我掌管永興軍，我因年老多病不能承受繁重的公務，乞求擔任閒散的職務。陛下依從了我的私願，讓我以閒官養老，差我掌管西京洛陽御史臺並管理嵩山上的道觀崇福宮，前後擔任了六任官職，朝廷仍允許我把書局設在身邊，供給俸祿而不分配具體的職事。臣既然沒有了其他的顧慮，於是能專心致志、竭盡所能、夜以繼日地編纂此書。遍閱舊史，旁採小說，對於堆積如山、浩如煙海的歷代圖書認真篩選，鉤沉出歷史上不為人知的隱情，不放過一毫一厘的差誤。上起戰國，下終五代，凡一千三百六十二年，修成二百九十四卷。又簡略地把其中的大事列成一些綱目，以年代為經，以國別為緯，以備檢索，做成〈目錄〉三十卷。又參考群書，將其異同加以評析，寫成〈考異〉三十卷。三部分合起來一共三百五十四卷。從英宗治平年間開設書局，到現在才完成，經歷的時間太久，我不敢保證書中沒有錯誤之處，如果有什麼嚴重的過失，我罪責難逃。臣誠惶誠恐，叩頭叩頭。

又想到臣已經離開朝廷十五年了，雖然身處外地，但報效朝廷的心何嘗不時時刻刻在陛下左右，只可惜我天性愚笨，無法施展，因此專攻編書之事，以報答皇恩，希望竭盡自己的微薄之力，對陛下如海嶽般的偉業有所裨益。臣如今瘦弱憔悴，老眼昏花，牙齒落盡，精神衰頹，剛剛做的事，轉個身就忘了。臣畢生精力都獻給了此書。希望陛下寬恕我妄作之罪，體察我忠誠之心，若有閒暇之際，時常瀏覽本書，鑒戒前世之興衰，考察當今之得失，賞善罰惡，取是舍非，那就足以光大上古之盛德，達到空前之治世，四海生靈都能享受陛下帶來的福祉，那麼臣在九泉之下，也能了卻畢生的心願。

謹奉上這篇進書表，願陛下明白臣的一片丹心。臣司馬光誠惶誠恐，叩頭叩頭，恭謹奉告。

壹

才者，德之資也；德者，才之帥也

——評三家分晉

智伯之亡也，才勝德也。夫才與德異，而世俗莫之能辨，通謂之賢，此其所以失人也。夫聰察強毅之謂才，正直中和之謂德。才者，德之資也；德者，才之帥也。雲夢之竹，天下之勁也；然而不矯揉，不羽括，則不能以入堅。棠谿之金，天下之利也；然而不熔範，不砥礪，則不能以擊強。是故才德全盡謂之聖人，才德兼亡謂之愚人；德勝才謂之君子，才勝德謂之小人。凡取人之術，苟不得聖人、君子而與之，與其得小人，不若得愚人。何則？君子挾才以為善，小人挾才以為惡。挾才以為善者，善無不至矣；挾才以為惡者，惡亦無不至矣。愚者雖欲為不善，智不能周，力不能勝，譬之乳狗搏人，人得而制之。小人智足以遂其奸，勇足以決其暴，是虎而翼者也，其為害豈不多哉！夫德者人之所嚴，而才者人之所愛。愛者易親，嚴者易疏，是以察者多蔽於才而遺於德。自古昔以來，國之亂臣，家之敗子，才有餘而德不足，以至於顛覆者多矣，豈特智伯哉！故為國為家者，苟能審於才德之分而知所先後，又何失人之足患哉！

卷一．周紀一．威烈王二十三年

譯文

智伯滅亡的原因，在於才勝過了德。才與德是兩碼事，而世俗之人往往分辨不清，統統都叫作賢，這就是他們看錯人的原因。聰慧、明察、剛強、堅毅叫作才，正直、中庸、平和叫作德。才，是德的輔助；德，是才的統帥。雲夢地區的竹子，是天下最強勁的；然而如果不矯正彎曲之處，不配上羽毛，就不能做成箭來穿透堅硬的東西。棠谿地區出產的銅，是天下最鋒利的；然而如果不熔燒鑄造，不鍛打磨礪，就不能做成兵器來攻擊強敵。因此，德才兼備的叫作聖人，無德無才的叫作愚人，德勝過才的叫作君子，才勝過德的叫作小人。選拔人才時，如果得不到聖人、君子，那麼，與其得到小人，還不如得到愚人。為什麼呢？因為君子有才用來做好事；小人有才用來做壞事。用才來行善的話，會造福天下；用才來作惡的話，會遺害無窮。愚人儘管想作惡，但智慧不夠，能力不行，就像小狗和人鬥，人能制服它。小人的智慧足以實現其奸邪之心，勇力足以逞凶施暴，這是如虎添翼啊，為害不淺！有德的人令人尊敬，有才的人使人喜愛；人們都容易親近喜愛的人，容易疏遠尊敬的人。因此考察人才的人常常被人的才能所蒙蔽而忽視了品德。自古以來，亂國之臣、敗家之子，因為才有餘而德不足，以至於國破家亡的多了，豈止智伯一人！所以，治國理家的人如果能清楚才與德的區別，知道誰先誰後，又何必擔心看錯人呢？

這段議論的背景是歷史上著名的「三家分晉」。「三家分晉」是春秋時期進入戰國時期的重要標誌。春秋晚期，晉國君權衰弱，大權落到了幾家權臣手中。各家經過殘酷的鬥爭，最後剩下智、韓、趙、魏四家，其中智氏勢力最為強大。然而智氏挑選的繼承人智瑤，即智伯，各方面才能都十分出眾卻唯獨缺乏仁德。而趙氏挑選的繼承人趙無恤，即後來的趙襄子，則與智伯相反，是個很有德行的人。一開始就有人指出智伯有才無德，早晚要闖下滅族之禍。果不其然，智伯上臺後自恃強大，欺凌其他三家，最後竟聯合韓、魏兩家圍攻趙氏，企圖瓜分趙氏土地。趙襄子深得民心，得以固守，並暗地裏跟韓、魏兩家講明唇亡齒寒的道理。韓、魏兩家深受智伯長期以來的欺壓和威脅，最終聯合趙氏反戈一擊，一舉滅掉智氏，並將晉國瓜分為韓趙魏三國。

司馬光針對選拔人才表達了他獨到的德才觀：德高於才，以德統才，德才兼備最好，有德缺才其次，如果找不到德行好的人，那麼寧可要無德無才的人，也不要有才無德的人。司馬光對德的強調無疑具有深刻的借鑒意義。然而，強調德是不是要達到司馬光所謂「苟不得聖人、君子而與之，與其得小人，不若得愚人」的程度才好呢？這顯然有點走極端。歷史證明，把愚人選上來往往更方便了奸佞小人的禍國殃民。三國後期，從司馬懿到晉武帝司馬炎三代人辛苦努力，才建立起統一魏蜀吳三國的西晉王朝。而晉武帝的兒子，晉惠帝算是癡愚之人了，結果皇后賈南風專權，八王之亂爆發，司馬氏親王之間自相殘殺，內戰十六年，民不聊生，數十萬中原精兵猛將損耗殆盡。最終匈奴貴族劉淵等人趁亂起兵，區區幾萬人馬就攻破洛陽、長安，滅了西晉。

另外，司馬光把人才分成聖人、君子、小人、愚人四等也過於簡單化、絕對化。人是複雜的、變化的，沒有什麼完美無缺的聖人、純粹平庸的愚人，大多是才德各有所長的普通人。才還可以考試衡量，德主觀性較強，容易被人操縱。這就很容易按照個人好惡把政治對手設定為小人，打着道德的旗號加以攻擊，逐漸發展成拉幫結派，互相打壓指責。其實司馬光所處的北宋就是這樣一路發展下去的。北宋中後期的君子小人之爭愈演愈烈，多少富有進取心的人才被打成小人，排擠出朝廷。結果大家一看還是當「愚人」好，保守的風氣就此養成，改革的良機就此錯過。靖康二年

（公元一一二七年）金兵南下，攻陷東京汴梁，俘虜徽宗、欽宗二帝，北宋滅亡。堡壘往往是從內部攻破的，北宋之亡不僅僅亡於金兵的入侵，而北宋自身打着道德旗號內鬥進而導致改革停滯也是不可忽視的因素之一。

貳

信者，人君之大寶

——評商鞅變法

夫信者，人君之大寶也。國保於民，民保於信；非信無以使民，非民無以守國。是故古之王者不欺四海，霸者不欺四鄰，善為國者不欺其民，善為家者不欺其親。不善者反之，欺其鄰國，欺其百姓，甚者欺其兄弟，欺其父子。上不信下，下不信上，上下離心，以至於敗。所利不能藥其所傷，所獲不能補其所亡，豈不哀哉！昔齊桓公不背曹沫之盟，晉文公不貪伐原之利，魏文侯不棄虞人之期，秦孝公不廢徙木之賞。此四君者，道非粹白，而商君尤稱刻薄，又處戰攻之世，天下趨於詐力，猶且不敢忘信以畜其民，況為四海治平之政者哉！

卷二・周紀二・顯王十年

譯文

信譽，是君王的一大法寶。國家靠人民來保護，人民靠信譽來保護；不講信譽就無法駕馭人民，沒有人民就無法保住國家。因此，古代成就王業的人不欺騙天下四海，成就霸業的人不欺騙四方鄰國，善於治國的人不欺騙自己的百姓，善於治家的人不欺騙自己的親人。不善於做以上幾件事的人，則反其道而行之，欺騙鄰國，欺騙百姓，甚至欺騙自己的兄弟、父子。上不信下，下不信上，上下離心，以至於敗亡。靠欺騙所佔的一點兒便宜醫治不了所遭的創傷，彌補不了所受的損失，豈不可悲？從前齊桓公不背棄曹沫以脅迫手段訂立的盟約，晉文公不貪圖攻打原地的利益，魏文侯不背棄與山野之人打獵的約會，秦孝公不違背對移動木杆之人給予重賞的承諾。這四位君王的統治之道其實並不純粹高潔，而秦孝公任用的商鞅更是以刻薄著稱，再加上處於戰亂年代，天下人心都趨向詭詐暴力，在這樣的情況下他們還不敢忘記用信譽來收服人心，更何況在四海昇平時當政的人呢？

講評

這段議論的背景是商鞅變法。商鞅輔佐秦孝公富國強兵，在秦國實行變法。新法打破世襲貴族特權等舊傳統，強調農耕和軍功，改革力度很大。商鞅怕百姓不信，於是在公佈新法之前，先在國都的集市南門立下一根木頭，說誰能把它搬到北門賞十金，百姓感到此事很怪，都沒動。後來把懸賞金額提高到五十金，終於有膽大的人把木頭搬過去了，而五十金的賞錢當場兌現，新政府由此獲得了百姓的信任，於是商鞅下令公佈新法。

司馬光還舉了幾個正面的例子。春秋時期，魯國以曹沫為將，與齊國打仗，仗打輸了，丟了不少地盤。後來兩國會盟，曹沫當場拿匕首劫持了齊桓公，說齊國大，魯國小，以大欺小，佔領魯國的土地太過分了。齊桓公被迫答應歸還侵佔的土地。曹沫放人後，齊桓公又想反悔，這時管仲勸止齊桓公說，貪圖眼前的小利而失去天下諸侯的信義太不值，不如把土地還給魯國算了。齊桓公高舉尊王攘夷的義旗，以信義結交天下諸侯，得到廣泛擁戴，成為最早的春秋霸主。

晉文公也是春秋五霸之一。一次他率軍攻打原國，和上下將士們約定就打十天，十天過去了，原國沒打下來，晉文公果斷下令撤軍。當時有人說，再打三天肯定拿下，半途而廢太可惜。晉文公不為所動，他說，我和大家說好了十天，過了十天還不撤軍，即使得到原國的地盤也會失去信義，這事兒我不能幹。原國百姓聽說後，被晉文公的信義感動，主動投降了，後來衛國聽說了，也來歸附晉文公。晉文公憑借信義，號召力大增。

魏文侯與負責看護山林的虞人約定日子打獵。到了那一天，卻刮風下雨，不能打獵。魏文侯怕人家白等一場，不顧左右的勸阻，親自趕到虞人那裏取消約定。看到魏文侯對一個看山的虞人都如此守信，天下諸侯都肅然起敬。魏國也成為戰國初期最早崛起的霸主。

我們再看一個負面的典型——隋煬帝。隋朝國力強盛，突厥臣服。然而，隋煬帝君臣到底是對突厥不放心，絞盡腦汁離間已經表示臣服的突厥各部落，又把突厥可汗富有謀略的寵臣誘騙過來加以殺害，引起可汗的強烈不滿。公元六一五年，隋煬帝在北巡邊塞途中遭突然襲擊，被突厥騎兵數十萬包圍在雁門城中，危在旦夕。隋煬帝向將士們承諾解圍之後必有重賞，凡是參加戰鬥的人都能陞官發財，還宣佈要停止勞民傷財的征討高麗的戰爭。可是，當大家捨生忘死，晝夜防守，踴躍殺敵，終於堅持到援軍到來的解圍之日，隋煬帝卻反悔了，捨不得賞賜。參加雁門保衛戰的將士有一萬七千人，最終得到勳賞的才一千五百人！而曾經白白斷送了幾十萬人生命的征高麗戰爭又提上了日程。將士們聽說後無不憤恨，誰還願意為隋王朝賣命呢？兩年後，隋朝便在農民起義的浪潮中滅亡了。隋煬帝對外對內的種種失信無疑對隋朝的二世而亡起了推波助瀾的作用。

孔子曰：「自古皆有死，民無信不立。」這裏有一個典故。子貢向孔子請教治理國家的辦法。孔子說：「只要有充足的食物、充足的戰備，以及人民的信任就可以了。」子貢問：「如果迫不得已，先去掉哪項？」孔子說：「去掉軍備。」子貢又問：「如果再去掉一項呢。」孔子說：「去掉食物。自古人都必有一死，但如果沒有人民的信任，就不能夠立足了。」孔子很早就意識到，對統治者而言，在糧食和人民的信任之間，人民的信任更重要。作為統治者如果能取信於民，即使自己暫時做出犧牲，國家社稷還能延續下去；反之，他的統治就根本立不起來。司馬光顯然深諳此道，專門強調統治者取信於民的極端重要性。信守與人民的約定，說到做到，雖然眼前會付出一些代價，但長遠來看，收獲的是人心的安定。人心安定了，對政府有信心，自然會跟着走，這樣為政者才能沒有後顧之憂，放手去幹，這就是我們常說的公信力。當然，如何樹立信譽還是有講究的，得量力而行，如果只圖一時痛快，做出承諾而又兑現不了，反而會使之前辛辛苦苦積攢起來的公信力流失掉。

叁

唯仁者，知仁義之利

——評孟子義利合一

子思、孟子之言，一也。夫唯仁者為知仁義之利，不仁者不知也。故孟子對梁王直以仁義而不及利者，所與言之人異故也。

卷二・周紀二・顯王三十三年

譯文

子思和孟子的話，講的是一個道理。只有仁者才知道仁義本身就是利益，不仁者是不知道的。所以孟子跟梁惠王談話時只講仁義而不談及利益，是因為談話對象不同的緣故。

講評

此段評論針對孟子思想中的仁義與利益問題而發。孔伋，字子思，是孔子之孫。孟子曾拜他為師，請教治民的方法。子思指出，仁義本來就是用來給老百姓帶來利益的，利益則是仁義的完美體現，因此治民首要的一點就是要讓老百姓得到實惠。孟子繼承了子思的思想。後來孟子去遊說梁惠王，建議梁惠王不要張口三分利，有仁義就夠了。他暗示梁惠王，大家都受到仁義的感化，懂得忠君愛國，國家利益自然就來了。孟子之所以跟梁惠王這麼說，是因為孟子認為梁惠王就是他一直在尋找的那個能夠懂得並施行仁政的君王，能理解他的暗示。果然，梁惠王點頭稱善。

這裏值得注意的是「義利合一」思想。推崇仁義道德說到底還是得落到實處，讓老百姓在仁義道德創造的良好社會風尚中得到實惠。司馬光是政治上的保守派，尤其崇禮尚義，反對為國聚財、富國強兵的王安石變法。「義利合一」能得到司馬光的肯定，尤其體現了他的卓越之處，不僅具有讀書人的文化素質和道德脩養，更有政治家的靈活變通和務實精神。而那些空談「君子喻於義，小人喻於利」的人就顯得有些書生氣了，不少王朝的命運就斷送在這些腐儒手裏。

當然我們也看到，仁義等道德教化本身確實能帶來利益不假，但實踐起來還需具體問題具體分析，不能什麼時候都等着道德教化產生效益。梁惠王對仁政那麼感興趣，最後怎麼樣了呢？「三家分晉」以後，魏國（即梁國）一度崛起為中原霸主，梁惠王接手的時候正如日中天。可就是這麼一盤好棋被梁惠王給下砸了。在戰國那個弱肉強食的環境中，孟子那一套仁政理論根本行不通，還是秦國商鞅厲行變法，富國強兵來的實在。沒幾年秦國就把魏國在黃河以西的地盤蠶食一空，到梁惠王晚年的時候，魏國已經淪為二流強國了。

肆

盡忠無私，以事其上

——評孟嘗君虛心納諫

孟嘗君可謂能用諫矣。苟其言之善也，雖懷詐諼之心，猶將用之，況盡忠無私以事其上乎！《詩》云：「采葑采菲，無以下體。」孟嘗君有焉。

卷二・周紀二・顯王四十八年

譯文

孟嘗君可以說是能虛心接受意見的人。只要提的意見對，即使對方別有用心，他也予以採納，更何況對那些無私盡忠地侍奉主上的人呢！《詩經》上說：「採集蔓菁，採集蘿蔔，不能因其根部不好看就連葉子都拋棄。」孟嘗君做到了這一點。

講評

這段評論針對孟嘗君納諫而發。孟嘗君代表齊國訪問楚國，被楚王聘為相國，楚王送他一張象牙床。孟嘗君令登徒直把象牙床護送回齊國。登徒直覺得象牙床太貴重，怕路上出事擔不起這個責任，不願去，於是找孟嘗君的門客公孫戍幫忙，承諾如果能使孟嘗君收回命令，自己情願以祖傳寶劍相贈。公孫戍跟孟嘗君說，眾小國之所以敬重您是因為您的仁義、廉潔，現在您剛到楚國就收下如此厚禮，那些還沒去的國家將如何接待您呢？孟嘗君認為公孫戍說的很有道理，就謝絕了象牙床的厚禮。儘管隨後知道了他與登徒直的交易，不但沒有批評，反而表揚和鼓勵進諫行為。這種不拘一格、求賢若渴、從諫如流的精神得到了司馬光的肯定。

我國傳統治國理念尤其強調納諫的重要性。納諫的前提是有人進諫，但懾於上級的權威，人們往往對提出意見顧慮重重或者避重就輕，這樣一來上級通過納諫來發現問題、脩正失誤的效果就要大打折扣。這就要求領導者努力營造一個寬鬆的輿論環境，甚至主動求諫，大家不怕得罪領導，自然就敢說話。唐太宗李世民在這方面堪稱典範。

齊國孟嘗君與魏國信陵君、趙國平原君、楚國春申君合稱「戰國四公子」，以廣招賓客，「養士」聞名。司馬光除了上述稱讚之外，也對他們大加批評。他在《資治通鑒》中痛批孟嘗君養士是拿君王錢財立黨營私，博取私譽，上侮君，下蠹民，「是奸人之雄」。

伍

睢，真傾危之士

——評范睢挑撥秦王君臣關係

穰侯援立昭王，除其災害；薦白起為將，南取鄢、郢，東屬地於齊，使天下諸侯稽首而事秦。秦益強大者，穰侯之功也。雖其專恣驕貪足以賈禍，亦未至盡如范睢之言。若睢者，亦非能為秦忠謀，直欲得穰侯之處，故搤其吭而奪之耳。遂使秦王絕母子之義，失舅甥之恩。要之，睢，真傾危之士哉！

卷五・周紀五・周赧王五十年

譯文

穰侯魏冉擁立秦昭王，為秦昭王除掉了對王位構成威脅的其他兄弟；舉薦白起為大將，向南攻取鄢、郢兩地，向東開疆拓土直到和齊國接壤的地方，使天下諸侯向秦國磕頭稱臣。秦國能變得更加強大，是穰侯的功勞。雖然他的專權恣意、驕橫貪婪足以惹禍上身，但也沒到像范雎說的那個地步。至於范雎，不是真正為秦國忠心謀劃，只是想得到穰侯的權位，所以才扼住他的喉嚨奪權罷了。最終使秦王斷絕了母子之義，失去了舅甥之恩。總之，范雎真是陰險狡詐之人啊！

講評

本段背景是范雎排擠穰侯，成為秦昭王信任的謀臣。魏冉是秦昭王母親宣太后同母異父的弟弟，後來封為穰侯。秦昭王幼年即位，局勢不穩，多虧了舅舅穰侯全力支持才保住了王位。宣太后臨朝稱制，以穰侯為丞相。穰侯對內嚴厲鎮壓威脅昭王的貴族，加強專制集權，對外起用名將白起，開疆拓土，威震天下。宣太后和穰侯的統治對秦國的強大功不可沒，但集中起來的朝廷大權也掌握在穰侯手裏。儘管穰侯並無異心，但隨着秦昭王年齡漸長，對穰侯專權的不滿和不放心也與日俱增。謀士范雎在魏國得罪了宰相，逃到秦國。他敏銳地察覺到秦國君臣間的矛盾和秦昭王對外擴展的雄心，憑三寸不爛之舌和「遠交近攻」的戰略構想獲得了秦王的信任，又趁機激發秦王對宣太后和穰侯的不滿，擠走穰侯，自己登上相位。之後，秦國實行「遠交近攻」的戰略，拉攏遠方諸侯，使之按兵不動，專心蠶食近處鄰國，擴大地盤，實力大增，為秦始皇統一六國奠定了堅實的基礎。

司馬光在政治上比較保守，講究禮儀名分，主觀上尊崇、同情穰侯這樣的元老重臣，不喜歡范雎靠花言巧語排擠老臣而上位。司馬光的觀點雖有道理，但也有偏頗之處，他有意無意忽視了秦昭王這個關鍵因素。秦昭王幼年即位，至此已經三四十年了，不滿穰侯專權由來已久，穰侯謹小慎微猶不能免禍，更何況「專恣驕貪」了。范雎的話合了秦王收回大權的心意，否則秦王也不會輕易讓他取代穰侯。另外，穰侯雖然對秦國的強大有大功，但這種強大還停留在舊時霸主威震天下的意義上，而秦王已經不滿足於霸主，他要為統一天下做準備了。范雎「遠交近攻」的戰略正好順應了這個趨勢，得到重用也是情理之中。

陸

立政以禮，懷民以仁

——評荊軻刺秦王

燕丹不勝一朝之忿以犯虎狼之秦，輕慮淺謀，挑怨速禍，使召公之廟不祀忽諸，罪孰大焉！而論者或謂之賢，豈不過哉！夫為國家者，任官以才，立政以禮，懷民以仁，交鄰以信。是以官得其人，政得其節，百姓懷其德，四鄰親其義。夫如是，則國家安如磐石，熾如焱火，觸之者碎，犯之者焦，雖有強暴之國，尚何足畏哉！丹釋此不為，顧以萬乘之國，決匹夫之怒，逞盜賊之謀，功隳身戮，社稷為墟，不亦悲哉！夫其膝行、蒲伏，非恭也；復言、重諾，非信也；糜金、散玉，非惠也；刎首、決腹，非勇也。要之，謀不遠而動不義，其楚白公勝之流乎！荊軻懷其豢養之私，不顧七族，欲以尺八匕首強燕而弱秦，不亦愚乎！故揚子論之，以要離為蛛蝥之靡，聶政為壯士之靡，荊軻為刺客之靡，皆不可謂之義。又曰：「荊軻，君子盜諸。」善哉！

卷七・秦紀二・始皇帝二十五年

譯文

燕太子丹不能忍受一時的激忿而去冒犯如狼似虎的秦國，慮事輕率，謀劃淺薄，以致挑起怨恨，招來禍患，使燕國始祖召公的宗廟忽然之間斷了祭祀，罪過還有什麼能比這個更大呢？而竟然有人說太子丹賢能，豈不是太過分了嗎？治理國家的人，按才能任命官員，按禮制制定政策，用仁德懷柔百姓，憑信義結交鄰邦。因此，讓合適的人來擔任官員，為政得其要領，百姓心裏記着他的恩德，四鄰因為他的義氣而感到親近。這樣的話，國家就會安定如磐石，昌盛如火焰，碰撞它的人會被擊得粉碎，侵犯它的人會被燒焦，即使外有強敵，又有什麼值得畏懼的呢？太子丹放着這條正道不走，反而以有萬乘兵車的燕國的存亡為賭注，發泄個人的憤怒，刺殺秦王，實施盜賊式計謀，結果功敗身死，江山社稷淪為廢墟，不是很可悲嗎？跪着往前走，趴着往前爬，不是真正的恭敬；說話算數，重視諾言，不是真正的信義；不惜黃金寶玉，不是真正的恩惠；自刎、切腹，不是真正的勇敢。總之，謀慮不能深遠而行動又不符合禮義，大概是楚國為復仇而死的白公勝之流罷了！荊軻心懷太子丹供養的私恩，不顧七族性命，想用一尺八寸的匕首使燕國強大、秦國衰弱，不是太愚昧了嗎？所以，揚雄評論此事，認為要離的死是蜘蛛、蝥蟲的死；聶政的死是壯士的死；荊軻的死是刺客的死，都不能說是「義」。揚雄又說：「荊軻，君子式的盜賊。」說得好啊！

講評

這段議論的背景是著名的荊軻刺秦王。戰國時期流行各國交換人質以表達信義，燕國太子姬丹就曾在趙國當人質。秦始皇嬴政還是秦國公子時，也在趙國當人質，兩人關係不錯。後來嬴政即位當了秦王，太子丹被送到秦國當人質，嬴政卻變了臉，對太子丹不再以禮相待。太子丹很憤怒，就找機會逃回燕國。這時已是戰國末年，秦統一六國的戰爭已經開始，韓趙二國已經滅亡，剩餘國家無不人人自危。太子丹有感於國家存亡的危急，再加上其個人在秦國遭受的羞辱，想力挽狂瀾，卻志大才疏。他等不及實施與各國聯合抗秦的穩妥之計，而寄希望於孤注一擲，冒險刺殺秦王以擾亂秦軍的後方，從而達到不戰而屈人之兵的效果。

戰國時期又有許多俠客，他們捨生取義，古道熱腸，專為人排憂解難，打抱不平，荊軻就是其中之一。太子丹的情義和真心感動了荊軻，荊軻決定刺秦以報太子之恩，為危亡中的弱國討回公道。最終行動失敗，荊軻被殺。被激怒的秦王揮師北上，燕國也很快滅亡。

司馬光向來反對冒險僥幸，崇尚安心以德治國，天下歸心就可水到渠成。從長遠來看，在和平年代，這着實是深謀遠慮。出於眼前的衝動，不顧大局，拿國家根本利益去冒險，這個玩笑開不起。然而秦國大軍壓境，燕國危如累卵，東方六國已滅其二，太子丹的冒險也是迫於無奈。當然，司馬光這麼說也有現實意義，說給生在盛世的宋朝皇帝聽，以資借鑒。

再說説荊軻，司馬光認為刺客們為報私恩而死，而不是為天下、為國家，因此稱不上「義」。他把國與君分開，很有眼光。但俠客們固然有「士為知己者死」的一面，更有行俠仗義、打抱不平的一面，他們心裏都有杆秤，那就是樸素的「義」，而報恩是「義」的一部分，更可貴的是他們能把「義」付諸實踐。所以，他們才能被歷史記住，千古流芳。相比之下，大宋朝養士三百年，這幫道學先生們倒是把「君子之義」說得天花亂墜，然而蒙古人一打過來，幾乎就出了文天祥一個真君子，其他大多跑的跑、降的降，保命去了。

柒

信義相親，安得而亡

——評合縱連橫政策

從衡之說雖反覆百端，然大要合從者，六國之利也。昔先王建萬國，親諸侯，使之朝聘以相交，饗宴以相樂，會盟以相結者，無他，欲其同心戮力以保家國也。向使六國能以信義相親，則秦雖強暴，安得而亡之哉！夫三晉者，齊、楚之藩蔽；齊、楚者，三晉之根柢；形勢相資，表裏相依。故以三晉而攻齊、楚，自絕其根柢也；以齊、楚而攻三晉，自撤其藩蔽也。

安有撤其藩蔽以媚盜，曰「盜將愛我而不攻」，豈不悖哉！

卷七・秦紀二・始皇帝二十六年

譯文

合縱連橫的學說雖然反覆無常、千頭萬緒，但大體上說，合縱符合六國的利益。從前先王建立萬國，親近各國諸侯，使他們相互訪問來增進交往，舉行宴會來增進歡樂，進行會盟來增進團結，不為別的，就是想讓他們同心協力，保衛家國。假使六國能以信義相互親善，那麼秦國即使強大暴虐，又哪能滅亡他們呢？韓趙魏三國是齊楚二國的屏障；齊楚二國是韓趙魏三國的根基。各國形勢上互為表裏，相互依存。所以韓趙魏進攻齊楚，是自斷根基，齊楚進攻韓趙魏，是自撤屏障。哪有自撤屏障以討好盜賊，又說「盜賊將會愛護我而不來進攻」的道理？這豈不是太荒謬了嗎？

講評

這段評論是在反思戰國時期的「合縱」「連橫」。戰國七雄中，以今河南省西部的崤山、函谷關為界，秦國在西，齊楚燕韓趙魏六國在東，故稱山東六國或關東六國。秦國文化上比較野蠻落後，但軍隊強大，六國經濟文化發達，但武力不行。六國結盟抗秦叫「合縱」，各國與秦國聯合進攻別的國家叫「連橫」。奔走於列國為合縱連橫出謀劃策的謀士們被稱為縱橫家。「合縱」戰略一度有效阻止秦國東出函谷關，但由於秦國「遠交近攻」的戰略及六國內部矛盾，山東各國不斷被秦國拉攏，與秦「連橫」，自相殘殺，最終被秦國各個擊破，一統天下。司馬光在這裏強調，盟友之間應該相互信任、相互依存。如果不能團結一心，就容易被敵人離間，各個擊破，最終鷸蚌相爭，漁翁得利。

捌

人臣之義，守死不貳

——評蒙恬之死

始皇方毒天下而蒙恬為之使，恬不仁可知矣。然恬明於為人臣之義，雖無罪見誅，能守死不貳，斯亦足稱也。

卷七・秦紀二・始皇帝三十七年

譯文

秦始皇正荼毒天下的時候，蒙恬受他驅使，可見蒙恬心地不仁。然而，蒙恬明白做臣子應該遵守的道義，雖然無罪被誅，但仍能守節而死，忠誠不貳，這也很值得稱道了。

講評

這段評論針對蒙恬之死而發。秦漢時人常說，「關東出相，關西出將」。蒙恬出身關西武將世家，祖孫三代在秦國建功立業，忠烈滿門。蒙恬、蒙毅兄弟更是一外一內，一武一文，備受秦始皇信任。秦始皇去世時，蒙恬已率三十萬大軍擊退匈奴，脩建長城，鎮守北邊。但因在皇位繼承鬥爭中，站錯了隊，支持了皇長子扶蘇，最終兄弟二人被秦二世和趙高殺害。臨死前，蒙恬手握強兵，出於對秦始皇的忠誠，放棄擁兵造反，吞藥自殺。

司馬光繼承和發揚孔子「仁」和「禮」的思想，重視仁愛教化、禮義名分。他首先批判了蒙恬幫秦始皇打天下，殺人太多的不仁；然後又表揚蒙恬堅守君臣節義，死到臨頭也不背叛先帝的忠義。可見，司馬光把對人民的仁愛教化看得優先於君臣之間的禮義名分。

玖

為臣不忠，無所自容
——評劉邦以不忠之罪殺丁公

高祖起豐、沛以來，罔羅豪傑，招亡納叛，亦已多矣。及即帝位，而丁公獨以不忠受戮，何哉？夫進取之與守成，其勢不同。當群雄角逐之際，民無定主；來者受之，固其宜也。及貴為天子，四海之內，無不為臣；苟不明禮義以示之，使為臣者，人懷貳心以徼大利，則國家其能久安乎！是故斷以大義，使天下曉然皆知為臣不忠者無所自容；而懷私結恩者，雖至於活己，猶以義不與也。戮一人而千萬人懼，其慮事豈不深且遠哉！子孫享有天祿四百餘年，宜矣！

卷十一．漢紀三．高帝五年

譯文

漢高祖劉邦從豐、沛起事以來，網羅無數英雄豪傑，也招納了很多亡命降叛的人。等到登上皇位，唯獨丁公因為不忠於項羽而遭到誅戮，為什麼呢？因為進取和守成形勢不同。當群雄逐鹿之際，民無定主，來投奔的統統接受，本來就應該這樣。但等到貴為天子，四海之內，無不臣服的時候，如果不申明禮義，使做臣子的人人懷有二心以牟取暴利，那麼國家還能長治久安嗎？因此，漢高祖根據大義做出決斷，使全天下都清楚地知道：做人臣卻不忠誠，是沒有容身之地的；而懷着私心結交他人、給人恩惠的人，即使救過自己的命，仍要按照道義不予寬容。殺一人而千萬人畏懼，劉邦考慮事情豈不是又深又遠嗎？漢高祖的子孫享受上天賜予的祿位長達四百多年，這是應該的啊！

講評

這段評論的背景是劉邦殺降將丁公。丁公是項羽手下的將領，當初劉邦被項羽打得大敗而逃，眼看就要被丁公抓住了，丁公卻放了劉邦一馬。等天下安定，劉邦做了皇帝，丁公前來拜見。劉邦以丁公對項羽不忠的罪名，將其斬首示眾，以儆效尤。

司馬光高度評價了劉邦的政治手腕，就是要告訴為政者，政策手段應根據形勢的變化靈活變通。進取和守成不同，是什麼時候就幹什麼事，不要拘泥於教條。進取的時候就得盡可能地包容團結各種力量，使之為我所用，以做大做強；而大業已成，守成的時候就得採取果斷措施樹立權威，如果還放任自由，下面都各懷鬼胎，缺少服從意識，不光劉邦皇位坐不穩，剛從戰爭中緩過來的天下百姓也將永無寧日。樹立權威也得講究策略，像劉邦那樣抓典型嚴厲制裁，對大多數人則繼續加以籠絡，無疑是代價小又有效的好辦法。雖然有人會覺得丁公可憐，但那也沒辦法，世上哪有那麼多皆大歡喜的事，安定有序的局面也不是白給的，只能分清主次，兩相權衡。

拾

功名之際，人臣之所難處

——評張良明哲保身

夫生之有死，譬猶夜旦之必然；自古及今，固未嘗有超然而獨存者也。以子房之明辨達理，足以知神仙之為虛詭矣；然其欲從赤松子遊者，其智可知也。夫功名之際，人臣之所難處。如高帝所稱者，三傑而已。淮陰誅夷，蕭何繫獄，非以履盛滿而不止耶！故子房託於神仙，遺棄人間，等功名於外物，置榮利而不顧，所謂明哲保身者，子房有焉。

卷十一．漢紀三．高帝五年

譯文

人有生有死，就像晝夜交替一樣自然；從古到今，本來就沒有超越自然而獨立存在的東西。憑張良的智慧，足以明白所謂神仙不過是虛幻詭異；然而他卻跟着赤松子雲遊脩仙，可見他的智慧之高。功名之間是人臣最難立足的地方。漢高祖劉邦所稱道的，只有「漢初三傑」罷了；而這「三傑」之中，淮陰侯韓信被誅殺了，相國蕭何被關進了監獄，不都是由於功名已滿卻還不止步的緣故嗎？所以，張良託名追求神仙，拋棄人間之事，把功名視同身外之物，將榮祿棄之不顧，所謂明哲保身，張良就是這麼做的。

講評

這段評論針對張良明哲保身而發。張良，字子房，舊韓國貴族，世代擔任韓國宰相。秦滅韓後，張良臥薪嘗膽，為韓國報仇，後來加入劉邦的反秦義軍，成為劉邦的智囊，幫助劉邦奪取天下，建立漢朝。

劉邦曾說：「夫運籌帷幄之中，決勝千裏之外，吾不如子房；鎮國家，撫百姓，給餉饋，不絕糧道，吾不如蕭何；連百萬之眾，戰必勝，攻必取，吾不如韓信。三者皆人傑，吾能用之，此吾所以取天下者也。」因此，張良、蕭何、韓信號稱「漢初三傑」，但下場卻截然不同。張良被封為留侯，功成身退，主動脱離政治，隱居去了，善始善終；蕭何被封為酇侯，長期擔任相國，雖然後來遭劉邦猜忌下獄，但蕭何低調做人，又時不時通過收受賄賂等方式主動往自己身上潑髒水，以示自己胸無大志，最終得到寬恕，得以壽終；韓信被封為楚王，風光無限，卻不懂得謙退，先被貶為淮陰侯，最後被以謀反的罪名誅殺。韓信臨刑前感慨，果真如人們所説，「狡兔死，良狗烹；高鳥盡，良弓藏；敵國破，謀臣亡」「天下已定，我固當烹。」北宋政壇，黨爭激烈。司馬光既是史學家，又是政治家，有感於統治集團內部的權力鬥爭，因而稱讚還是張良最有智慧，懂得明哲保身、急流勇退，如此君臣上下相安，兩全其美。

拾壹

驕以失臣，狠以亡君

——評貫高刺殺劉邦

高祖驕以失臣，貫高狠以亡君。使貫高謀逆者，高祖之過也；使張敖亡國者，貫高之罪也。

卷十二・漢紀四・高帝九年

譯文

漢高祖劉邦因驕橫而失去臣下的忠心，貫高因狠毒而使自己的主子趙王丟掉了原有的封國。貫高謀反，是高祖的過錯；趙王張敖亡國，是貫高的罪過。

講評

本段議論的背景是貫高謀刺劉邦未遂。趙王張敖是漢高祖劉邦分封的異姓諸侯王，貫高是趙國的丞相。漢朝初年離戰國不遠，延續了春秋戰國的傳統，那時漢朝皇帝實際上是盟主，分封的諸侯王國是實打實的，有人有兵有地盤，和後來那種分封以後拿錢享福的王爺根本不同。王國丞相等官員對諸侯王的忠誠一點也不比對皇帝低，貫高就是典型。雖然趙王張敖一向低調謙卑，還娶了劉邦的女兒魯元公主，但劉邦仍不放心，經常對他驕橫謾罵。趙國丞相貫高對趙王蒙羞感到極為憤怒，私下準備殺了劉邦替趙王雪恥。結果暗殺沒成功就被人告發了。劉邦趁機以謀反的罪名把趙王及其手下全部下獄。貫高不顧嚴刑拷打，把責任全攬過來。在確定趙王已證明清白，釋放出獄後，貫高自殺。經歷此事，張敖也沒保住趙王的封號，被貶為宣平侯。

司馬光雖然始終強調君臣上下名分很重要，但這裏也對劉邦進行了批判，貫高能走上暗殺皇帝的路，與劉邦驕橫無禮，不信任、不善待臣下密不可分，劉邦要負很大責任。而貫高雖然對趙王忠誠可嘉，但背着趙王且行事極端的做法反而差點兒把不知情的趙王推入火坑。相比劉邦，漢光武帝劉秀、宋太祖趙匡胤在解除兵權的基礎上優待功臣的做法就顯得高明許多，而明白皇帝心思的功臣們也主動退讓，矛盾就此緩和。看來寬容和諧，上下相通還是很重要的。

拾貳

為人君者，以改過為美

——評叔孫通勸漢惠帝文過飾非

過者，人之所必不免也；惟聖賢為能知而改之。古之聖王，患其有過而不自知也，故設誹謗之木，置敢諫之鼓，豈畏百姓之聞其過哉！是以仲虺美成湯曰：「改過不吝。」傅說戒高宗曰：「無恥過作非。」由是觀之，則為人君者，固不以無過為賢，而以改過為美也。今叔孫通諫孝惠，乃云「人主無過舉」，是教人君以文過遂非也，豈不繆哉！

卷十二・漢紀四・惠帝四年

譯文

犯錯誤，是人人都免不了的；但只有聖賢能做到知錯就改。古代的聖王，擔心有了過錯而自己不知道，所以設立批評君王的誹謗之木、勸諫君王的敢諫之鼓，可見聖王是不會畏懼百姓知道自己的過錯的。因此仲虺讚美商王成湯說：「改正錯誤決不吝惜。」傳說勸誡商王武丁說：「不要因為怕別人恥笑便不改正過失。」由此可見，做君王的本來就不以不犯錯誤為賢，而以改正錯誤為美。現在叔孫通勸諫漢惠帝竟說「人主沒有錯誤的舉動」，這是教君王文過飾非，豈不是太荒謬了嗎？

講評

這段評論的背景是叔孫通圍繞孝道對漢惠帝的勸諫。成湯是商朝的開國之君，武丁是商朝的中興之主，仲虺、傅說是商代名臣。儒家學者向來把夏商周三代及堯舜禹時期看作最令人神往的理想時代，而上述幾位都是儒家心目中的「聖君賢臣」。叔孫通是漢初儒生的代表，他在秦始皇「焚書」「坑儒」之餘保護和傳承了儒家薪火，但並不迂腐教條，能與時俱進、靈活變通，曾為文化水平不高的劉邦君臣量身定制了朝廷禮儀。劉邦去世，兒子漢惠帝即位，考慮到經常穿過街道去長樂宮朝見太后比較擾民，就修了一條類似天橋的空中道路。叔孫通指出，新脩的這條路正好是高祖劉邦當年出遊的路線。惠帝覺得犯了不孝的忌諱，準備拆除。叔孫通認為，既然建了就別拆了，而巧妙地建議在另一頭再給劉邦脩一座廟，以後走這條路的時候經常去拜一拜，反而可以讓老百姓看到惠帝的孝行。

《春秋左傳》上說：「人非聖賢，孰能無過。過而能改，善莫大焉。」司馬光抓住這個故事，重在教育宋朝皇帝要勇於發現和改正錯誤，不要文過飾非；也希望下面的大臣正直敢言，不要幫着皇帝掩蓋錯誤，養成阿諛奉承的不良風氣。但從某種程度看，叔孫通腦子一轉，變廢為寶，避免了人力、物力的浪費；變不孝為大孝，還起到教育人民的作用。在錯誤釀成的情況下，善於變通，彌補過失同樣不可或缺。

拾叁

法者天下之公器

——評漢文帝殺舅父薄昭

李德裕以為：「漢文帝誅薄昭，斷則明矣，於義則未安也。秦康送晉文，興如存之感；況太后尚存，唯一弟薄昭，斷之不疑，非所以慰母氏之心也。」臣愚以為法者天下之公器，惟善持法者，親疏如一，無所不行，則人莫敢有所恃而犯之也。夫薄昭雖素稱長者，文帝不為置賢師傅而用之典兵；驕而犯上，至於殺漢使者，非有恃而然乎！若又從而赦之，則與成、哀之世何異哉！魏文帝嘗稱漢文帝之美，而不取其殺薄昭，曰：「舅後之家，但當養育以恩而不當假借以權，既觸罪法，又不得不害。」譏文帝之始不防閒昭也，斯言得之矣。然則欲慰母心者，將慎之於始乎！

卷十四．漢紀六．文帝十年

譯文

唐代政治家李德裕認為：「漢文帝誅殺薄昭，斷獄合於法而不合於義。秦康公送晉文公回國時，曾發出見到舅舅就像母親還在世一樣的感歎；何況薄太后還在，只有這麼一個弟弟，漢文帝斷獄毫不留情，這不是撫慰母親心靈的做法。」我認為，法是天下之公器，只有善於運用法律的人，親疏如一，無所回避，才能使人不敢有恃無恐而犯罪。薄昭雖向來被稱為有德行之人，但漢文帝不給他派賢人當老師卻讓他掌握兵權；後來他驕橫犯上，以至於殺害皇帝的使者，難道不是有恃無恐的結果嗎？如果漢文帝又放過了他，那麼，和漢成帝、漢哀帝時的衰世又有什麼區別呢？魏文帝曾稱道漢文帝之美，卻不讚同他殺薄昭一事，他說：「國舅、皇后之家，只應當施恩好生養活他們，而不應當把大權給他們，否則違法犯罪了，又不能不傷害感情來處分他們。」這是譏諷漢文帝不從一開始就限制薄昭，這話說到點子上了。既然這樣，那麼要想寬慰母親的心，還是從開始就慎之又慎為好。

講評

這段評論針對漢文帝殺薄昭而發。漢惠帝去世後，呂太后執政長達八年。呂後去世後，群臣消滅呂氏力量，恢復了劉家天下。劉邦第四子代王劉恆入朝即位，這就是著名的明君漢文帝。漢文帝非呂後所生，母親是薄太后。薄昭是薄太后的弟弟，文帝的舅舅，封為軹侯。在呂後去世到文帝即位前這段混亂的日子裏，代王劉恆遠在太原，京城情況很不明朗。薄昭作為劉恆親信冒險周旋於長安、太原之間，傳回準確情報，把外甥推上了皇帝寶座，可謂是大功臣。文帝即位之初，薄昭仍是文帝身邊可以信賴的舊人。薄氏兄妹本是謙虛低調之人，很少有外戚專權的情況。但隨着功勞和地位的上昇，憑着皇帝的信任，薄昭也漸漸為所欲為起來，最終犯下擅殺皇帝使者之罪。文帝依法處置，薄昭被迫自殺。

司馬光主要是借此事警示宋朝皇帝要防微杜漸，不要給外戚擅權留下機會。薄昭擅自殺害皇帝使者，這是死罪，為了法律的公正，不殺不對；薄昭是文帝的舅舅，出於儒家重視親情的理念，殺了也不對。漢文帝攤上這麼個棘手的事，怎麼辦才好呢？司馬光認為當初就不應該給薄昭那麼高的權位，從源頭上阻斷這種事發生的可能才是最好的辦法。這就跳出了中國古代長期爭論的重法還是重情的框框，顯然比較高明。

拾肆

兵事以嚴終

——評李廣與程不識帶兵

《易》曰：「師出以律，否臧凶。」言治眾而不用法，無不凶也。李廣之將，使人人自便。以廣之材，如此焉可也；然不可以為法。何則？其繼者難也，況與之並時而為將乎！夫小人之情，樂於安肆而昧於近禍，彼既以程不識為煩擾而樂於從廣，且將仇其上而不服。然則簡易之害，非徒廣軍無以禁虜之倉卒而已也！故曰「兵事以嚴終」，為將者，亦嚴而已矣。然則效程不識，雖無功，猶不敗；效李廣，鮮不覆亡哉！

卷十七．漢紀九．武帝元光元年

譯文

《周易》上說：「軍隊出征要有嚴格的紀律，否則無論成敗都沒有好兆頭。」這是說治軍不用法紀，就沒有好結果。李廣帶兵，簡易寬和，只要不犯軍紀，盡可人人自便。憑李廣的才幹，這麼幹是可以的；然而不可把他的做法當成榜樣來效仿。為什麼呢？因為繼承李廣這套做法的人還想打勝仗就難了，更何況與李廣同時的普通將領呢？普通人的性情都喜歡安逸，卻不知安逸會帶來禍患，士兵們對程不識治軍嚴格感到煩擾，樂於跟着李廣，而且還會仇視他們的長官而不服從指揮。既然這樣，那麼治軍簡易的危害，就不僅僅是在敵人來襲時李廣的軍隊倉促應戰那麼簡單了！所以說，「治軍要始終嚴字當先」，當將領就是一個「嚴」字。對後人來說，效仿程不識，即使立不了功，也不會失敗；效仿李廣，就很少有不滅亡的！

講評

本段對比了漢將李廣和程不識的帶兵之道。李廣，漢朝名將。隴西李氏，關西將門，自秦以來，名將輩出。李廣善於用兵，又愛護士卒，深受愛戴。從漢文帝到漢景帝再到漢武帝，將近半個世紀的時間裏，匈奴入侵帶來的邊患始終是漢朝的一大問題。李廣在抵禦匈奴的戰爭中成長起來，戎馬一生，名滿天下，匈奴人稱之為「飛將軍」。程不識也是當時的將領，但治軍風格與李廣不同。李廣智勇雙全，匈奴人畏懼他，所以他對士兵的要求寬鬆一點，匈奴人往往也不敢來偷襲，就是來了，李廣也能及時應對，化險為夷。程不識才能不及李廣，但治軍嚴格，匈奴人來了也佔不到什麼便宜。士兵們趨樂避苦，都想跟李廣打仗，但從結果看，程不識那一套還是有效的。

「但使龍城飛將在，不教胡馬度陰山。」李廣向來是人們傳誦的千古名將，與之相比，程不識的名氣要小得多。司馬光不否定李廣的英名，但認為還是程不識嚴格治軍更值得借鑒，這樣的眼光顯然是更加務實的。我們總說應該多多學習前人，但無論是治國治軍，還是畫畫寫文章，都得清醒認識到前人有的東西可學，有的東西再好也學不來。可學的往往是有章法、有套路、效果比較穩定的，那些個人天賦比重太高的就很難學了。除了上述李廣、程不識，我們常說李白的詩學不了，杜甫的詩可以學，也是這個道理。

拾伍

軍旅大事，死生所繫

——評漢武帝為己之私誤用李廣利

武帝欲侯寵姬李氏，而使廣利將兵伐宛，其意以為非有功不侯，不欲負高帝之約也。夫軍旅大事，國之安危、民之死生繫焉。苟為不擇賢愚而授之，欲徼幸咫尺之功，藉以為名而私其所愛，不若無功而侯之為愈也。然則武帝有見於封國，無見於置將；謂之能守先帝之約，臣曰過矣。

卷二十一．漢紀十三．武帝太初元年

譯文

漢武帝想封寵姬李夫人的家人為侯，卻不直接封，而派李廣利率軍征伐大宛，其意是「沒有功勞就不能封侯」，這是當年漢高祖劉邦與群臣約定的祖訓，漢武帝不想違背。軍旅大事，涉及國家安危、人民生死。如果不擇賢愚就把軍旅大事交給一個寵臣，懷着僥幸心理，想要讓他冒險撈到點功勞，好名正言順地封侯，還不如無功就直接封侯。漢武帝在封侯方面很有見地，卻在任命將領方面失察；稱讚他能遵守先帝的約定，要我說是不對的。

講評

這段評論的背景是李廣利征大宛。漢高祖劉邦出身草莽，提三尺劍斬白蛇起義，歷經八年奮戰，真刀真槍憑實力打下江山。那時候所謂君權神授、儒家禮教還未流行，這輩人很實在，最看重功勞。劉邦能率眾平定天下，還百姓和平安寧的生活，功勞最大，所以老劉家就該世代坐江山；劉邦以下，開國元勳們依次按功勞大小封侯。這些一起出生入死打天下的哥們兒弟兄曾一起對着黃河青山立下誓約：非劉氏不得王，非有功不得侯，敢有違背，天下共擊之！

轉眼到了劉邦的曾孫漢武帝劉徹統治時期，盛世之下，權力的腐敗也開始滋生。李廣利是漢武帝寵姬李夫人之兄。武帝愛屋及烏，想封李廣利為侯。但李廣利能力有限，沒立過大功，不符合高祖「非有功不得侯」的約定。漢武帝怕硬封大家有看法，就讓李廣利率大軍西征中亞小國大宛，如能奪取汗血寶馬就是大功一件，等於白送他一個立功的機會，結果沒打贏。武帝為了面子，調集人力物力，令李廣利再次出征，付出了巨大的犧牲，才攻破大宛，帶回了三千多匹寶馬，李廣利被封為海西侯，着實得不償失。最終，李廣利卷入皇位繼承鬥爭，在攻打匈奴的戰爭中，為了給李家立功贖罪，不惜以漢軍將士的生命做賭注，冒險孤軍深入，結果被匈奴單于包圍，七萬大軍全軍覆沒，李廣利投降，造成漢武帝擊匈奴以來空前的損失。武帝盛怒之下殺了他全家，但也於事無補。

司馬光在這裏着重批判漢武帝任人唯親，又愛面子，想堵住大家的嘴，卻拿國家利益和人民生命財產安全為他埋單的拙劣行為。大權在握卻不能着眼全局、利國利民，反而私心自用，武帝再怎麼遵守先帝約定，也是耍小聰明，沒有多大意義。

拾陸

人君者，動靜舉措不可不慎

——評巫蠱之禍

為人君者，動靜舉措不可不慎，發於中必形於外，天下無不知之。當是時也，皇后、太子皆無恙，而命鉤弋之門曰堯母，非名也。是以奸人逆探上意，知其奇愛少子，欲以為嗣，遂有危皇后、太子之心，卒成巫蠱之禍，悲夫！

卷二十二·漢紀十四·武帝太始三年

譯文

當君主的，任何一舉一動都不能不慎重，內心產生的想法一定會顯露出來，天下人都會知道。那時候，皇后、太子還都安然無恙，漢武帝卻下令把鉤弋夫人寢宮的大門命名為堯母門，這是不符合名分的。因此，奸佞之徒揣摩上意，知道了武帝特別寵愛鉤弋夫人生的幼子，想要立幼子為皇位繼承人，於是他們就有了陷害皇后、太子的心思，最終釀成巫蠱之禍，可悲啊！

講評

這段評論的背景是著名的「巫蠱之禍」。漢武帝活了七十歲，在位五十四年。首任皇后陳阿嬌以「金屋藏嬌」聞名，後被貶入冷宮。第二任皇后衛子夫在位近四十年，德行高尚、克己奉公，雖年老色衰，卻始終深得武帝敬重，兒子劉據被立為太子，史稱衛太子。至於其他嬪妃，繼李夫人之後，武帝晚年又寵愛年輕的趙氏，趙氏被封為婕妤，住在鉤弋宮，所以又號稱趙婕妤或鉤弋夫人。鉤弋夫人據說懷孕十四個月生下兒子劉弗陵，即後來的漢昭帝。這一年武帝六十三歲，老來得子，高興得不得了。

十四個月的孕期又和上古聖王堯帝相同，於是武帝就把鉤弋宮門改名堯母門。這在不少人眼裏可是一件大事。皇帝老了，誰來繼承皇位、怎麼站隊，關係到很多人的榮華富貴。本來衛太子穩居東宮，但漢武帝「堯母門」這件事一出，情況有了微妙的變化。那些專門察言觀色、揣摩上意的狡猾鑽營之徒開始蠢蠢欲動了。太子劉據性格溫和寬厚，與武帝不同，在長期對匈奴用兵問題上，父子意見又相左，時日一長，父子感情便生嫌隙。不管武帝是不是真的想廢長立幼，在這幫人眼裏，「堯母門」事件就是武帝內心動搖的重大信號，如果能搶先抓住這個大好時機，一鼓作氣把衛太子拉下來，把劉弗陵推上去，他們就能搖身一變，成為一代新貴，飛黃騰達。

當時流行巫蠱之術，即按仇人形象做成人偶，藏在地下等暗處，對人偶施加詛咒或箭射針刺，以此達到詛咒、傷害仇人目的的一種方術。武帝年老，疑心病加重，又有時糊塗，在這幫奸臣的煽動下，漢武帝果然猜忌太子要用巫蠱之術謀害自己，最終逼得太子造反，兵敗而死，衛皇后自殺。這場搞得漢武帝父子相殘、家破人亡的慘劇被稱為「巫蠱之禍」。武帝醒悟後，十分悔恨，建「思子宮」，又造一座「歸來望思臺」表達對兒子的思念和悔過。

人們常說，言者無意，聽者有心。司馬光以此告誡統治者，他們的一言一行都被手下的人看在眼裏，稍不留神就會被圖謀不軌的奸人抓住機會加以利用，造成難以挽回的損失。因此，一定要慎言慎行，防微杜漸，把危險消滅在萌芽之中。

拾柒

有亡秦之失而免亡秦之禍

——評漢武帝功過得失

孝武窮奢極欲，繁刑重斂，內侈宮室，外事四夷，信惑神怪，巡遊無度，使百姓疲敝，起為盜賊，其所以異於秦始皇者無幾矣。然秦以之亡，漢以之興者，孝武能尊先王之道，知所統守，受忠直之言，惡人欺蔽，好賢不倦，誅賞嚴明，晚而改過，顧託得人，此其所以有亡秦之失而免亡秦之禍乎！

卷二十二．漢紀十四．武帝後元二年

譯文

漢武帝窮奢極欲、繁刑重斂，對內大建宮室，對外征討四夷，又迷信神怪之說，巡遊無度，使百姓疲勞困乏，揭竿而起做了盜賊，與秦始皇幾乎沒有什麼不同。但為何秦朝因此而滅亡，漢朝卻走向了興盛呢？這是因為漢武帝能夠遵守先王之道，知道怎麼統治國家，守住基業，接受忠直的諫言，對欺騙蒙蔽君王之人深惡痛絕，喜好賢才，賞罰嚴明，到晚年又能改正以往的過錯，託孤又找對了顧命大臣，這大概就是漢武帝雖犯有跟秦朝滅亡相同的錯誤，卻避免了秦朝滅亡的災禍的原因吧！

講評

本段是司馬光對漢武帝一生的總結性評價。中國古代歷史上那些千古一帝、一代英主們往往都有勞民傷財的一面。因為在農業社會的條件下，他們雄才大略的充分施展，都是以廣大農民流血流汗為代價換來的。秦始皇、隋煬帝是這樣，漢武帝、唐太宗也免不了。漢武帝好大喜功，自恃國力強盛，對外窮兵黷武，開疆拓土；對內大興土木，四處巡遊。嚴刑峻法下的巨額斂財則給他提供了物質支持。衛太子為人寬厚，但勸他不聽。

直到經歷了巫蠱之禍、家破人亡的慘劇，以及李廣利在匈奴全軍覆沒等事後，暮年的漢武帝終於幡然醒悟，下「輪臺罪己詔」，反省過錯，並及時把國策由攻轉守，讓老百姓休養生息，這才使瀕臨崩潰的漢朝轉危為安，避免了漢朝短命而亡的命運。

司馬光認為漢武帝比秦始皇高明的地方就在於他知錯能改，在危急關頭能懸崖勒馬。中國古代的國家機器相當早熟和發達，動員能力很強，但這背後終究需要有限的民力支持，秦始皇、隋煬帝都是因過度使用民力，造成暴政，導致國家崩潰，而漢武帝及時調整政策，減慢國家機器的轉速，避免了亡國之禍。唐太宗晚年改變了貞觀之治前期的良好作風，流露出急政、濫用民力等傾向，好在程度不重，逃過一劫，保住了明君的美名。可見明君與暴君往往只差一步之遙。

拾捌

誘而殺之，亦可羞哉

——評漢使傅介子誘殺樓蘭王

王者之於戎狄，叛則討之，服則捨之。今樓蘭王既服其罪，又從而誅之，後有叛者，不可得而懷矣。必以為有罪而討之，則宜陳師鞠旅，明致其罰。今乃遣使者誘以金幣而殺之，後有奉使諸國者，復可信乎！且以大漢之強而為盜賊之謀於蠻夷，不亦可羞哉！論者或美介子以為奇功，過矣！

卷二十三．漢紀十五．昭帝元鳳四年

譯文

為王者對待戎狄等外族的態度應當是：叛亂就發兵征討；臣服就不再追究。如今樓蘭王已經認罪臣服，卻又殺了他，那麼以後再有叛亂的外族，就不能使他們歸附了。如果一定說樓蘭王有罪要進行討伐，也應堂堂正正地派遣軍隊，公開地實施懲罰。現在竟派使臣用錢財來誘殺他，以後再有奉命出使各國的使者，還能再讓人信任嗎？況且以大漢朝的強盛，竟然用盜賊的詭計來對付蠻夷外族，不令人羞恥嗎？有人評論此事，讚美傅介子立了一件奇功，這是錯誤的。

講評

本段評論針對傅介子殺樓蘭王而發。傅介子，北地（大致在陝西、甘肅、寧夏一帶）人，是漢朝出使西域的使者。當時漢朝與匈奴爭奪西域的控制權。龜茲、樓蘭等西域小國夾在漢匈之間，首鼠兩端。樓蘭本已歸附漢朝，但派到西域的一些漢朝官吏十分傲慢，經常欺負小國，再加上匈奴的離間，樓蘭王於是背漢投匈，多次殺害漢朝使者；而等漢朝派傅介子來問罪時，樓蘭王馬上再次歸順漢朝。傅介子回國後指出樓蘭王反覆無常，不殺了他就沒法起到懲戒叛臣、樹立漢朝聲威的作用。於是傅介子再次出使樓蘭，用大批金銀財寶引誘樓蘭王相見，在宴席間刺殺了樓蘭王，並把頭顱懸掛在長安未央宮的北門之上。傅介子也因此大功被封為義陽侯。

唐朝詩人王昌齡有詩「黃沙百戰穿金甲，不破樓蘭終不還」；李白有詩「願將腰下劍，直為斬樓蘭」。漢唐千年之間，像傅介子殺樓蘭王這樣為國獻身、立功絕域、萬裏覓封侯的行為都被作為英雄事跡廣為傳揚。到了宋朝，雖然像辛棄疾這樣慷慨激昂、志在千裏的壯士還彈着寶劍吟唱「且掛空齋作琴伴，未須攜去斬樓蘭」。但在司馬光眼中，傅介子的行為已經成了外交中背信棄義、令人羞恥的典型。

拾玖

王霸無異道

——評漢宣帝「霸王道雜之」國策

王霸無異道。昔三代之隆，禮樂、征伐自天子出，則謂之王。天子微弱不能治諸侯，諸侯有能率其與國同討不庭以尊王室者，則謂之霸。其所以行之也，皆本仁祖義，任賢使能，賞善罰惡，禁暴誅亂。顧名位有尊卑，德澤有深淺，功業有巨細，政令有廣狹耳，非若白黑、甘苦之相反也。漢之所以不能復三代之治者，由人主之不為，非先王之道不可復行於後世也。夫儒有君子，有小人。彼俗儒者，誠不足與為治也。獨不可求真儒而用之乎？稷、契、皋陶、伯益、伊尹、周公、孔子，皆大儒也，使漢得而用之，功烈豈若是而止邪！孝宣謂太子懦而不立，暗於治體，必亂我家，則可矣；乃曰王道不可行，儒者不可用，豈不過甚矣哉！殆非所以訓示子孫，垂法將來者也。

卷二十七・漢紀十九・宣帝甘露元年

譯文

「王道」和「霸道」，沒有本質差異。從前夏、商、周三代昌盛時，無論是制定禮樂，還是發動戰爭，都由天子決定，稱為「王道」。天子衰微，不能控制諸侯時，諸侯中的霸主率領盟國共同征討叛逆以尊奉王室，則稱為「霸道」。無論行「王道」還是「霸道」，都要根據仁義，任用賢能，獎善懲惡，止暴除亂。二者只不過名位上有尊卑之分，德澤上有深淺之別，功業上有大小之差，政令上有廣狹之異罷了，並非像黑白、甘苦那樣截然相反。漢朝之所以不能恢復夏、商、周三代那樣的治世，是因為漢朝君王沒有去踐行王道，並不是古代聖王之道不能再行於後世。儒者中有君子，也有小人。像漢宣帝所說的那種「俗儒」，確實不能同他們治理天下，但難道就不能訪求「真儒」而加以任用嗎？像稷、契、皋陶、伯益、伊尹、周公、孔子，都是大儒，假如漢朝能得到並任用他們，漢朝的功業豈止現在這個程度呢？！漢宣帝說太子懦弱不能自立，不懂得治國的方法，必將敗壞劉家基業，這是可以的；可是說「王道」不可行，儒者不可用，豈不是錯得太過分了？這不是用來訓示子孫、令後人效法的好榜樣。

講評

這段評論的背景是漢宣帝訓斥太子懦弱好儒。漢武帝去世後，漢昭帝劉弗陵以幼子即位，昭帝去世後，廢太子劉據之孫劉病已即位，即漢宣帝。這一時期西漢社會穩定發展，從武帝晚年的危機中走出，重現繁榮；對外也擊敗匈奴，威震北方，史稱「昭宣中興」。宣帝的太子劉奭，即後來的漢元帝，性格懦弱，「柔仁好儒」，缺少武帝、宣帝的鐵腕，令宣帝深感擔憂。宣帝曾訓斥太子「漢家自有制度，本以霸王道雜之，奈何純任德教，用周政乎」，又感歎「亂我家者，太子也」！漢宣帝所說的「霸道」是指用刑罰權威治國的法家學；「王道」是指講究通過教化使人棄惡從善的儒家學說，二者兼行，就是所謂「霸王道雜之」。而「周政」則指儒家宣揚的周公、孔子講究道德教化那一套。漢宣帝教導太子，漢家治國之道就是要從實用出發，兼用霸道和王道，不能太理想化，偏信儒家。

漢宣帝時，儘管前有漢武帝「罷黜百家，獨尊儒術」，但儒家思想要想深入人心，仍然需要一個過程，到漢宣帝時期影響仍比較有限，直到其子漢元帝時期才真正興盛起來。宣帝幼年因巫蠱之禍流落民間，深知百姓疾苦，是個非常講究實際的皇帝，與其相信理想化的聖王之道，他更看重的是現實統治效果。千年之後的北宋，儒學盛行，司馬光崇禮尚義，從心底裏不讚成漢宣帝不信儒者、王道的實用主義立場，所以對他有所批評。

貳拾

知而不言，為罪愈大

——評貢禹進諫避重就輕

忠臣之事君也，責其所難，則其易者不勞而正；補其所短，則其長者不勸而遂。孝元踐位之初，虛心以問禹，禹宜先其所急，後其所緩。然則優遊不斷，讒佞用權，當時之大患也，而禹不以為言；恭謹節儉，孝元之素志也，而禹孜孜而言之，何哉！使禹之智足不以知，烏得為賢！知而不言，為罪愈大矣！

卷二十八・漢紀二十・元帝初元元年

譯文

忠臣侍奉君主，如果能對君主難以改正的缺點加以批評，那麼小毛病就很容易糾正了；如果能幫君主補齊短板，那麼君主的長處不用勸勉就能發揚光大。漢元帝登基之初，虛心向貢禹求教，貢禹應該先教導皇帝解決當務之急，然後再關注相對次要的事。然而，元帝喜好遊玩，朝中奸臣當道，正是當時的大患，貢禹不跟元帝說；恭敬、謹慎、節儉，是元帝向來追求的美德，而貢禹卻努力進言，為什麼呢？如果貢禹的智力不足以知道這些情況，那他就不能稱為賢人！知道了卻不說，罪過就大了。

講評

這段評論針對的是貢禹勸諫漢元帝節儉。公元前四十八年，漢宣帝去世，元帝即位。漢元帝生長宮中，缺乏政治經驗，又柔仁好儒，為政寬和，與務實的宣帝不同。此時隨着人口增加，人地矛盾加劇，在水旱災害及地主兼並土地的衝擊下，農民不斷破產流亡，甚至淪為奴隸。西漢王朝的統治危機正在逐漸加深。漢元帝尊崇儒家學者，使儒學得到弘揚；親信宦官近臣，也常被近臣蒙蔽，於是出現了司馬光指出的「讒佞用權」的情況。這些儒者、近臣，相比武帝、宣帝時期的職業官僚，缺乏實幹能力，拿不出解決危機的具體方案。漢元帝優柔寡斷，也不似前世皇帝雷厲風行，打擊豪強地主，保護小農。於是元帝以後，西漢王朝已經開始走下坡路了。貢禹是山東琅琊著名的儒家學者，漢元帝把他請到長安，恭恭敬敬地向他請教治國之道，他勸漢元帝效仿前代聖王，進一步發揚節儉，反對浪費，減輕百姓的賦稅負擔。這本沒有錯，但司馬光認為朝中奸臣當道更要緊，而貢禹不提，有避重就輕之嫌。貢禹本是德高望重的民間學者，缺乏政治經驗，他能敏銳地察覺到西漢的社會危機，感受到百姓疾苦，勸統治者棄奢從簡，已經難能可貴。貢禹在指出社會矛盾之後提出的廢除貨幣、禁止商業等解決辦法已是充滿書生氣，又怎能指望他過多涉足複雜的朝廷政治鬥爭呢？司馬光恐怕是有感於晚唐的宦官專權、北宋黨爭的政治現實，把朝廷忠奸之爭看得很重，又投射到貢禹身上去了。

貳壹

賞以勸善，罰以懲奸

——評漢元帝不能明辨是非

諸葛豐之於堪、猛，前譽而後毀，其志非為朝廷進善而去奸也，欲比周求進而已矣。斯亦鄭朋、楊興之流，烏在其為剛直哉！人君者，察美惡，辨是非，賞以勸善，罰以懲奸，所以為治也。使豐言得實，則豐不當絀；若其誣罔，則堪、猛何辜焉！今兩責而俱棄之，則美惡、是非果何在哉！

卷二十八．漢紀二十．元帝永光元年

譯文

諸葛豐對於周堪、張猛，先稱譽後詆毀，目的不是為朝廷推薦賢能、去除奸臣，而是想黨同伐異，追求陞官罷了。諸葛豐也是鄭朋、楊興那種善於奉承的人，說這樣的人剛直，他剛直在哪兒呢？當君主的，應該明察美惡，分辨是非。獎賞是用來勸善的，刑罰是用來懲惡的，這樣才能治理好國家。假使諸葛豐說的是事實，那麼諸葛豐不應被罷官；如果他是在誣告，那麼周堪、張猛就很無辜了！現在漢元帝把雙方都責備一通並且把他們都棄而不用，那麼美惡、是非的區別在哪裏呢？

講評

本段評論的背景是漢元帝因人品問題罷免諸葛豐。諸葛豐，琅琊諸縣人（今山東諸城）。琅琊諸葛氏是兩漢三國著名的法律世家，諸葛亮就是這一家的後代。諸葛豐曾多次稱讚周堪、張猛。後來諸葛豐被貶官，為盡早立功，引起皇帝注意，他又上書告發周堪、張猛的罪過。漢元帝對諸葛豐這種行為感到很不齒，在降職處理周堪、張猛的同時，把諸葛豐直接免官。

司馬光以國家利益為標準，指出統治者應該做的就是為國家社稷的安危着想，只要事情本身是對的，對國家有利，就應該賞；如果是錯的，就應該罰。諸葛豐確實人品不好，但他揭發的罪行屬實，就應該讚賞，怎麼能出於對個人道德品質的反感就不顧事實，把諸葛豐也免官了呢？賞善罰惡，應該遵循客觀標準，實事求是。

貳貳

取忠厚之臣，旌循良之吏

——評漢光武帝善懂治國之道

孔子稱「舉善而教，不能則勸」。是以舜舉皋陶，湯舉伊尹，而不仁者遠，有德故也。光武即位之初，群雄競逐，四海鼎沸，彼摧堅陷敵之人，權略詭辯之士，方見重於世，而獨能取忠厚之臣，旌循良之吏，拔於草萊之中，寘諸群公之首，宜其光復舊物，享祚久長，蓋由知所先務而得其本原故也。

卷四十・漢紀三十二・光武帝建武元年

譯文

孔子說：「推舉善人，教育能力不行的人，人們就能互相勉勵。」虞舜推舉皋陶，商湯推舉伊尹，於是邪惡不仁的人遠去。光武帝即位之初，群雄競逐，四海鼎沸。那些衝鋒陷陣的人，有權謀而善於詭辯的人，正為世人所重視。而唯獨光武帝能起用忠厚之臣，表彰奉公守法的官吏，從社會底層選拔人才，充實到高官行列，那麼他能光復漢家天下、享國長久就是應該的了。這大概是由於他知道優先做什麼而且抓住了治國的根本道理啊。

講評

這段評論的背景是漢光武帝劉秀在戰爭年代就已着眼長遠、重用德高望重的卓茂。漢宣帝之後的元、成、哀、平諸帝時期，漢朝已陷入統治危機，外戚王莽以救世之聖人的面目收買天下人心，篡了漢家天下，建立新朝。但王莽的改革過於空想，反而加重了危機，辜負了人民的期望。各地英雄豪傑紛紛打着恢復漢朝的旗號起兵造反，其中南陽豪強大地主、劉氏宗親劉秀脫穎而出。他翦滅群雄，恢復漢室，史稱「光武中興」，因定都長安東面的洛陽，所以史稱「東漢」。卓茂也是南陽人，長期擔任地方官，奉法循理，擅長教化，深得百姓愛戴。光武帝在亂世之中注意尊崇和任用卓茂這樣的有德之人，為將來治天下做準備，這正是他不同於一般群雄的過人之處。司馬光稱讚漢光武帝敏銳的政治眼光和深謀遠慮。

貳叁

知奸不除，不如不知

——評漢章帝姑息奸臣

人臣之罪，莫大於欺罔，是以明君疾之。孝章謂竇憲何異指鹿為馬，善矣；然卒不能罪憲，則奸臣安所懲哉！夫人主之於臣下，患在不知其奸，苟或知之而復赦之，則不若不知之為愈也。何以言之？彼或為奸而上不之知，猶有所畏；既知而不能討，彼知其不足畏也，則放縱而無所顧矣！是故知善而不能用，知惡而不能去，人主之深戒也。

卷四十六·漢紀三十八·章帝建初八年

譯文

人臣的罪惡，莫過於欺君，所以明君痛恨這種行為。孝章皇帝稱竇憲的行為無異於指鹿為馬，這是對的；然而最終不能治竇憲的罪，那麼奸臣又怎能得到懲戒呢！君主對於臣下，擔心的是不知道臣下的奸邪之事，如果已經知道而又赦免了他，那還不如不知道。為什麼這麼說呢？奸臣作奸犯科而君主不知，奸臣心中還有所畏懼；如果君主已知卻不能懲罰，奸臣就知道君主不足以令其畏懼了，那麼他就會更加放縱而無所顧忌！因此，知道善人卻不能任用，知道惡人卻不能鏟除，這是君主的大戒。

講評

這段評論的背景是東漢外戚專權。竇憲，東漢著名外戚，漢章帝竇皇后的哥哥，曾幾次率軍萬里遠征，擊敗北匈奴，迫使其西遷，徹底消除了來自北方草原的威脅，又在燕然山刻石記功，威震天下，史稱「燕然勒功」。竇憲也有仗勢欺人的一面，連章帝的妹妹沁水公主的莊園都敢低價強買，公主害怕皇后家的權勢不敢計較。後有人作詞以詠其事，《沁園春》這個詞牌名就源於這個典故。「指鹿為馬」是秦朝典故，秦朝末年奸臣趙高專權，牽來一頭鹿，趙高告訴秦二世這是馬，在場的大臣畏懼趙高權勢，也紛紛附和說是馬，結果把秦二世也弄糊塗了。竇憲恐嚇周圍的人不許跟章帝說他強買公主莊園的實情，就像當年趙高對秦二世指鹿為馬一樣。後來此事被揭發，章帝大怒，警告竇憲：「國家想要拋棄你就像扔掉一只腐臭的老鼠一樣簡單！」竇憲着實恐懼了一陣，然而最終章帝礙於皇后情面，除了讓竇憲歸還了莊園，還是沒有依法治罪。

西漢皇后往往出身寒微，有名的衛子夫、趙飛燕都是歌女出身；東漢的皇后往往出身高門，竇、馬、鄧、梁都是出皇后的世家大族。因為經過西漢二百年的和平發展，西漢末年以來，尤其是東漢，相對平等的自耕農社會已經大大分化，豪強大地主崛起，稱霸一方。劉秀雖是皇族，但他本身也是南陽的豪強大地主，「光武中興」很大程度上就是豪強大族聯合打天下的結果。這種聯合的一大表現就是皇室與大族聯姻。經過聯姻，皇家借助外戚大族的支持鞏固統治，外戚大族的權勢也借機迅速膨脹。

漢光武帝之後，明、章二帝時期是個小盛世。史稱「明帝察察，章帝長者」，明帝治國嚴厲苛察，對外戚豪強管得很嚴；章帝有長者之風，比較寬厚，以致外戚坐大初露苗頭。章帝後，東漢皇帝大多幼弱短命，往往依靠外戚舅家掌控朝政，外戚趁機干政，飛揚跋扈，與宦官專權一起成為東漢後期嚴重問題。

司馬光批評章帝雖然明辨善惡、立場鮮明，但他的和氣與寬容其實是姑息養奸，只能使壞人摸到弱點，更加藐視權威，有恃無恐，為所欲為。為政者必須有堅強果斷的內心，保持相當的鐵腕，讓大奸大惡之人有所畏懼，這樣才能做到令行禁止，不能一味地講究以和為貴及人道主義溫情。

貳肆

取才有道，不可強致

——評東漢選官不正之風

古之君子，邦有道則仕，邦無道則隱。隱非君子之所欲也。人莫己知而道不得行，群邪共處而害將及身，故深藏以避之。王者舉逸民，揚仄陋，固為其有益於國家，非以徇世俗之耳目也。是故有道德足以尊主，智能足以庇民，被褐懷玉，深藏不市，則王者當盡禮以致之，屈體以下之，虛心以訪之，克己以從之，然後能利澤施於四表，功烈格於上下。蓋取其道不取其人，務其實不務其名也。

其或禮備而不至，意勤而不起，則姑內自循省而不敢強致其人，曰：豈吾德之薄而不足慕乎？政之亂而不可輔乎？群小在朝而不敢進乎？誠心不至而憂其言之不用乎？何賢者之不我從也？苟其德已厚矣，政已治矣，群小遠矣，誠心至矣，彼將扣閽而自售，又安有勤求而不至者哉！荀子曰：「耀蟬者，務在明其火，振其木而已；火不明，雖振其木，無益也。今人主有能明其德，則天下歸之，若蟬之歸明火也。」或者人主恥不能致，乃至誘之以高位，脅之以嚴刑。使彼誠君子邪，則位非所貪，刑非所畏，終不可得而致也；可致者，皆貪位畏刑之人也，烏足貴哉！

若乃孝弟著於家庭，行誼隆於鄉曲，利不苟取，仕不苟進，潔己安分，優遊卒歲，雖不足以尊主庇民，是亦清脩之吉士也。王者當褒優安養，俾遂其志。若孝昭之待韓福，光武之遇周黨，以勵廉恥，美風俗，斯亦可矣，固不當如范昇之詆毀，又不可如張楷之責望也。

至於飾偽以邀譽，釣奇以驚俗，不食君祿而爭屠沽之利，不受小官而規卿相之位，名與實反，心與跡違，斯乃華士、少正卯之流，其得免於聖王之誅幸矣，尚何聘召之有哉！

卷五十一．漢紀四十三．順帝永建二年

譯文

古代的君子，國家政治清明時，他就出來做官；國家政治昏暗時，他就隱退為民。退隱為民並非君子的本意，但他們深知，得不到重用，則正道不能得到推行，而和奸佞之輩共事，終將傷害自己。所以才隱藏自己的才能，遠遠躲開。聖明的君王選用隱逸之士，提拔卑微之人，本來是因為他們對國家有益，而不是以此來迎合世俗的視聽。隱士有足以得到君主尊敬的道德、足以庇護百姓的智慧和才能，就像身穿粗布衣服而懷有美玉一樣，深藏不仕，那麼聖明的君王應該竭盡禮節去邀請他，降低姿態去訪求他，克制自己來聽從他。然後，才能使恩澤普施於四方，功業留傳於千古。聖明的君王取用的是隱士的治國方法，而不是隱士本身；追求的是治國的實際效果，而不是隱士的虛名。

如果禮節完備，情意殷勤，而隱士仍不願出來做官，那麼聖明的君王不應該採取強制手段，而是冷靜地自我反省：難道是我的品德不醇厚，而不值得他仰慕？政治太混亂使他無法輔佐？奸佞當權，使他不敢出來做官？我的誠意不夠，使他憂慮自己的意見不會被採納？為什麼不接受我的徵聘？假如君王的品德已厚，朝政已清，奸佞已遠，誠意已到，那麼賢才定將叩門求見而自薦，哪裏會有再三徵召而不肯應聘的！荀子說：「晚上燃火捕蟬，必須把火光照亮，再搖動樹枝。如果火光不亮，只搖樹枝，也沒有用處。而今，君王如能發揚厚德，則天下的人都會歸心，猶如蟬去投奔亮光。」有些人主因賢才不應徵聘而感到羞恥，於是用高位來引誘他，用嚴刑峻法來威脅他。假如他是一個真正的正人君子，則對高位一定不貪婪，對嚴刑一定不畏懼，君主最終還是得不到他。能夠得到的，都是貪圖高位和貪生怕死的人，又怎麼值得尊重呢？

如果能以孝悌著稱於家庭，品行高尚聞名於鄉里，不攫取不義之財，不採取不正當手段謀求做官，潔身自好，安守本分，悠然自得地過日子，雖然才能不足以輔佐君主和造福百姓，但也還屬於品行潔美的善人。聖明的君王，應該給予褒獎和優待，成全他的志向。如漢昭帝對待韓福，光武帝對待周黨，用以砥礪廉恥之心，美化風俗，這也是可以的。實在不應該如范昇，加以詆毀；也不要如張楷，加以指責和抱怨。

至於那些作假偽裝來竊取榮譽，以奇特的舉動驚動世人提高聲望，不要朝廷俸祿而和屠夫酒販一樣爭利，拒絕做小官而想爬上宰相和九卿高位的人，他們的名與實恰恰相反，心裏想的和行動完全不一樣，他們就是華士、少正卯之流，免於聖明君王的誅殺已經很幸運了，還有什麼值得徵召的？

講評

這段評論針對的是樊英以聲名接受皇帝徵召卻表現平庸一事，進而批判此事暴露出的東漢選官制度弊端和社會不良風氣。樊英，南陽郡人，品行高尚、學問精深，聞名海內，是個隱居的學者。從地方官府到漢安帝多次請他出山都被拒絕。最後安帝動怒，地方官府強行把他抬上車送到京師洛陽，這才勉強接受了官職，但不久又稱病回家，專心治學去了。安帝始終給予極高的禮遇。當時不少人對樊英出面解決社會危機寄予過高的厚望，結果樊英始終未對政事提出什麼重大建議，人們都大失所望，有人轉而指責他享受高官厚祿卻不能匡救國家。

司馬光認為，對皇帝來說，要想請隱士出山做官，首先得做好自我反省，擺正心態，務實而不求虛名；對隱士來說，如果像樊英那樣確實是品行高尚而無心或無力於政事也應該得到尊重而不應指責。當然，如果是名實相反，追名逐利之徒那就根本不值得徵召了。司馬光的評論公允恰當，不僅就事論事，更深刻揭露了東漢選官的弊端。

兩漢朝廷選官，主要有二途：一曰察舉；二曰徵辟。察舉是地方州郡長官定期定額，自下而上地為中央訪察舉薦人才，稱為「孝廉」「秀才」；徵辟是中央根據需要，自上而下地向地方徵聘人才。此外還有不定期地令地方推舉「賢良方正」「賢良文學」等。選拔的對象往往都是品行高尚、高才博學之人，而更關鍵的是需要社會輿論的認可。孝子、廉吏、秀才、賢良得到國家褒揚，被樹為楷模本無可厚非，然而品行高尚、學問精深就能治國理政嗎？顯然二者沒有必然的聯繫，治國才能是需要經驗積累和實踐檢驗的。但在漢代，尤其是儒學盛行、崇尚道德教化的東漢，人們卻漸漸不自覺地認定一個人的品行、學問與治國才能是成正比的。那麼天下人怎麼知道他的品行、學問呢？這就要看名聲。這種趨勢發展到極致，名聲就與才能劃等號了。東漢中後期，隨着社會危機的加深，人們越來越寄希望於把天下最有名望的人選來當高官，一舉解決危機，扭轉乾坤。於是選官以名取人的弊端也逐漸暴露。一方面，像樊英這樣德高望重的學者本來無心政事，卻因為名聲太高而騎虎難下，反而惹得皇帝生氣，眾人失望；另一方面，心懷僥幸的狡猾之徒盯上了以名取人，正像司馬光說的「飾偽以邀譽，釣奇以驚俗」，想方設法把自己包裝成有德之人，以引人注意，撈取做官所必須的名聲。更有甚者，等官府真來舉薦他做官了，反而裝模作樣地矜持起來，他越推辭輿論越稱讚，官府給的禮遇和官位也越高，一來二去小官竟然就換成大官了。時人常言「舉秀才不知書，察孝廉父別居，寒素清白濁如泥，高第良將怯如雞」，諷刺的就是東漢後期沒有真才實學卻弄虛作假、博取美名、混入仕途的不良風氣。司馬光發表議論後，緊接着記載了黃瓊的事例。黃瓊，江夏人，「黃香扇枕」（注一）故事中的黃香之子。他也響應了朝廷的徵召。由於他從小就跟着在朝為官的父親熟悉政務，因此一上來就顯得得心應手，完美地把品行學問與政治才能結合起來，沒有辜負自己的盛名和天下人的希望。黃瓊和樊英形成鮮明對比，充分反映出治國理政是一門專門學問，不能與道德名聲混為一談。

注一：黃香九歲的時候，母親就去世了。他自小懂事，讀書時很刻苦，對父親也很孝順。當夏季炎熱的時候，他拿扇子為父親把床上的枕、席扇涼，驅趕蚊蟲；冬季寒冷時，他替父親把被窩暖熱。黃香成年後知識淵博，成為國家的棟樑之材，受到人們的讚揚和愛戴。後即以「黃香扇枕」為恪盡孝道之典。

貳伍

寬以濟猛，猛以濟寬

——評崔寔《政論》

漢家之法已嚴矣，而崔寔猶病其寬，何哉？蓋衰世之君，率多柔懦，凡愚之佐，唯知姑息，是以權幸之臣有罪不坐，豪猾之民犯法不誅；仁恩所施，止於目前；奸宄得志，紀綱不立。故崔寔之論，以矯一時之枉，非百世之通義也。孔子曰：「政寬則民慢，慢則糾之以猛；猛則民殘，殘則施之以寬。寬以濟猛，猛以濟寬，政是以和。」斯不易之常道矣。

卷五十三．漢紀四十五．桓帝元嘉元年

譯文

漢家法律已經很嚴了，而崔寔還嫌它寬大，這是為什麼呢？因為衰世的君王大多懦弱，大臣們平庸愚昧，只知道姑息。得到君王寵幸的權臣，即使有罪，也不被依法懲處；豪強狡猾的刁民，即使犯法，也不被治罪；施加的仁愛恩惠，只限於眼前；奸人得志，綱紀不能維持。所以，崔寔的評論雖可用來矯正一時的錯誤，卻不是百代通用的法則。孔子說：「為政太寬大，人民就會輕視它，人民一旦輕視，就要用嚴猛的法律來糾正。為政嚴猛，人民會受到傷害，人民一旦受到傷害，那就改施寬大之政。用寬大來糾正嚴猛，用嚴猛來糾正寬大，統治才能和諧。」這是永恆不變的道理。

講評

司馬光這段評論針對崔寔的千古名篇《政論》而發。崔寔，東漢後期著名政論家，他用簡練的語言分析了刑罰與德教的關係。他說：「夫刑罰者，治亂之藥石也；德教者，興平之粱肉也。夫以德教除殘，是以粱肉養疾也；以刑罰治平，是以藥石供養也。」他認為到了東漢後期，社會已經黑暗混亂到一定程度了，亂世要用重典；道德教化聽起來挺好，但如果亂世還用德教，那就像光吃飯就想治病一樣，是不好用的。

漢朝建立後，經過三四百年的積累，東漢後期法律條文已經非常繁雜了，這就是司馬光說的「漢家之法已嚴矣」。但如此嚴格的法網只針對老百姓，那些有權有勢的豪強貴族卻往往有法不依，逍遙法外。司馬光指出，像崔寔說的那樣不斷出台新的嚴法只能暫時起作用，等過一陣又得不到嚴格執行，就成了空文，因此，司馬光認為，還得從「為政」入手，為政的根本之道還是孔子提出的「寬嚴相濟」。

貳陸

撩蛇蹺虎，不亦悲乎

——評東漢黨錮之禍

天下有道，君子揚於王庭，以正小人之罪，而莫敢不服。天下無道，君子囊括不言，以避小人之禍，而猶或不免。黨人生昏亂之世，不在其位，四海橫流，而欲以口舌救之，臧否人物，激濁揚清，撩虺蛇之頭，蹺虎狼之尾，以至身被淫刑，禍及朋友，士類殲滅而國隨以亡，不亦悲乎！夫唯郭泰既明且哲，以保其身，申屠蟠見幾而作，不俟終日，卓乎其不可及已！

卷五十六・漢紀四十八・靈帝建寧二年

譯文

天下有道，君子在朝廷上理直氣壯地依法懲治小人的罪過，沒有誰敢不服從。天下無道，正人君子閉口不言，以躲避小人的陷害，甚至還可能避免不了。清流士大夫們生在政治昏暗混亂的時代，沒有高官顯位，面對天下混亂的局面，卻想要用輿論去挽救，評論人物、斥惡揚善，這就猶如用手去撩撥毒蛇的頭，用腳踐踏老虎和豺狼的尾巴，以致遭受酷刑，殃及朋友。士大夫被大批殺害，王朝也跟着覆亡，豈不可悲！其中只有郭泰最為明智，最終保全自身。申屠蟠見機行事，沒等到結束那天就退出了，他的見識不是一般人能趕得上的，真了不起！

講評

這段評論的背景是著名的「黨錮之禍」。東漢發展到後期，桓帝、靈帝時代，主上昏庸，外戚宦官交替專權，政治腐敗越發嚴重。同時一個兼具儒家知識分子與官僚、預備官僚雙重身份，以儒家倫理道德為共同價值取向的士大夫群體也逐漸形成。許多有正義感的士大夫以天下為己任，有感於政治混亂，世風日下，紛紛針砭時弊，從儒家倫理道德出發對宦官、外戚操縱下的腐敗政治進行激烈的抵制、抨擊。他們以「清流」自居，把宦官、外戚等勢力斥為「濁流」，相互標榜唱和，評論朝中人物，號稱「處士橫議」「激濁揚清」，這就是東漢末年著名的「清議」運動。桓帝末年，宦官專權更加嚴重，清流士大夫集團與宦官集團的鬥爭也更加激烈，清流官員曾依法捕殺為非作歹的宦官親屬。

公元一六六年，深受皇帝信任的宦官集團發動了鎮壓運動，以結黨營私、誹謗朝廷的罪名，把反對他們的清流士大夫打成「黨人」，禁錮終身，不許做官。由於所謂「黨人」往往德高望重，所以清流士大夫們不僅未被嚇倒，反而以列入「黨人」名單為榮。兩年後，在桓帝去世、靈帝剛即位之際，朝中同情「黨人」的外戚大將軍竇武、太傅陳蕃準備發動政變，誅殺宦官，結果走漏了風聲，宦官先下手為強，竇武、陳蕃反被殺害。宦官乘勝展開報復，靈帝在宦官的蠱惑下，批准宦官以謀反顛覆之罪在全國範圍內大肆捕殺「黨人」，一時間腥風血雨，連許多出於尊敬和同情而保護逃亡「黨人」的普通人也因此家破人亡。這兩次對「黨人」的迫害就是歷史上著名的「黨錮之禍」。

表面上看，清流士大夫們對抗的是宦官，而實質上則是他們效忠的、宦官背後的皇權。宦官身為在宮中伺候皇帝的廢人，本沒有能量，但東漢後期的皇帝從小生長深宮，宦官與皇帝更親密，相比外朝的士大夫更容易得到皇帝信任和授權。清流士大夫，包括他們的領袖「黨人」，雖然一身正氣，一片忠心，想幫皇帝扭轉乾坤，但並沒有觸及王朝危機的社會經濟根源——人口、土地、錢糧，更拿不出一套切實有效的社會改革方案，搞得還是針砭時弊、打擊奸臣那一套，就像司馬光說的只在輿論上下功夫。他們這麼做無疑顯示了善惡分明、堅持正義的態度和決心，然而應對危機，光有態度和決心，光能製造輿論是不夠的！最終還是得靠曹操那樣的實幹家出來收拾殘局。而且聯合起來把輿論的矛頭指向皇帝信任的宦官，反而使與外界相對隔絕的皇帝產生對士大夫結黨營私、謀權篡位的疑慮，從而更加依賴宦官，更容易相信宦官的鬼話，哪裏會感受到士大夫們的忠心呢？司馬光認為既然能力有限，與其言辭激進招來殺身之禍，還不如像郭泰、申屠蟠那樣在亂世中明哲保身。

清流士大夫被鎮壓，宦官得勢。宦官玩弄宮廷鬥爭、搞小動作有兩下子，治國理政就沒那水平了，統治更加黑暗腐朽，最終爆發了黃巾大起義。然而，真正忠君愛國的士大夫大多在「黨錮之禍」中損失掉了，地方豪強大族、軍閥勢力紛紛嶄露頭角。東漢末年，宦官再次政變，殺害外戚大將軍何進，大族袁紹借機引兵入宮，將宦官一網打盡。緊接着西北軍閥董卓率涼州兵馬開進京城，廢立皇帝。關東豪傑紛紛起兵，討伐董卓。從此天下大亂，東漢王朝名存實亡，開始了三國兩晉南北朝四百年的分裂亂世。

中國歷史上似乎總出現一種悖論式的悲劇。讀書人或士大夫往往在天下興亡的生死關頭挺身而出，大義凜然，甚至慨然赴死，人們感染於他們的激情澎湃，傾倒於他們的風度翩翩，輿論給予他們深切的同情和讚譽；然而盛名之下，其中很多人在挽救危亡中的實際作用非常有限，甚至有走極端、激化矛盾等反作用。這大概是因為不少傳統讀書人身上書生氣太濃，清高而缺乏實幹。讀書人的正義感和批判精神是真正值得稱讚的寶貴財富！但是，借着激情針砭時弊，批判一通，把輿論帶起來了之後具體怎麼辦，卻束手無策。支撐危局、渡過難關的不僅要有讀書人，還要有真抓實幹的朝中能臣、堅守崗位的職業官吏、浴血奮戰的前線將士，更要有無數默默耕耘的勞動人民。歷史的教訓着實值得我們深思。

貳柒

國將亡，必多制

——評漢末選人本末倒置

叔向有言：「國將亡，必多制。」明王之政，謹擇忠賢而任之，凡中外之臣，有功則賞，有罪則誅，無所阿私，法制不煩而天下大治。所以然者何哉？執其本故也。及其衰也，百官之任不能擇人，而禁令益多，防閑益密，有功者以閡文不賞，為奸者以巧法免誅，上下勞擾而天下大亂。所以然者何哉？逐其末故也。孝靈之時，刺史、二千石貪如豺虎，暴殄民，而朝廷方守三互之禁。以今視之，豈不適足為笑而深可為戒哉！

卷五十七・漢紀四十九・靈帝熹平四年

譯文

叔向說：「國家將要滅亡的時候，一定制度繁多。」明君治國，謹慎選擇忠誠賢能的人加以任用，大臣有功就加以獎賞，有罪就加以懲罰，沒有徇私枉法的情況，法令規章並不繁多，卻能做到天下大治。為什麼呢？因為明君抓住了治理國家的根本。等到國家衰落的時候，不能選擇合適的人才擔任文武百官，各種禁令愈來愈多，防範措施也愈來愈嚴密。有功之人因礙於條文而得不到獎賞，奸邪之人卻巧妙地利用法律免於懲罰，上下勞苦煩擾而天下大亂。為什麼呢？因為治理國家捨本逐末。漢靈帝時，州刺史、郡太守像豺狼虎豹一樣貪婪暴虐，殘害人民。然而，朝廷卻還在嚴格遵守「三互法」的禁令，以防止官吏結黨營私。現在回顧起來，豈不是一場笑話而應深以為戒嗎？

講評

這段評論的背景是東漢後期實行的三互法。東漢後期，官場腐敗墮落，面對日益猖獗的拉關係、走後門、徇私枉法，東漢朝廷出台了官員的籍貫回避制度，凡婚姻雙方、兩州之間，官員都不能到對方的籍貫所在地做官，後來兩州擴大到三州，即甲州人在乙州做官，乙州人在丙州做官，那麼丙州人就不能在甲乙二州做官。這叫「三互法」，即「三互之禁」。結果適得其反，幽州、冀州地方亂成一鍋粥，朝廷還在糾結於官員籍貫，遲遲選不出適合二州的地方官。

叔向，春秋晚期晉國貴族，是以禮治國和傳統社會秩序的堅定捍衛者。春秋晚期是貴族社會到平民社會的變革期，社會矛盾尖銳。鄭國執政者子產看到貴族統治大勢已去，果斷把傳統約定俗成的禮儀或習慣法寫成成文法，刻在銅鼎上，昭示國人，開始從傳統的以禮治國轉向依法治國。叔向聽說後責備子產，放棄混容性很強的禮儀，改定精確卻難免有漏洞的成文法，會使人心浮動，喪失淳樸之風，從而人民爭相鑽法律空子，訴訟紛爭不斷，國家就要不斷制定新的法律，導致法網日益繁密，使人民手足無措，這離亡國也就不遠了。子產回答說，您想得很長遠，但我現在管不了那麼多了，先通過立法渡過眼前的危機再說吧。

叔向雖然保守，但司馬光將他的「國將亡，必多制」這句話，用在東漢末年還是很有道理的。東漢的統治已經到了這個份上，眼看就要天下大亂了，特殊時期本應該唯才是舉，用人不疑，快刀斬亂麻，而朝廷卻因三互法這類嚴密的籍貫回避制度而遲遲選不出合適的人選穩定局面，這不是本末倒置嗎？

貳捌

教化安可慢，風俗安可忽

——評曹操不敢篡位

教化，國家之急務也，而俗吏慢之；風俗，天下之大事也，而庸君忽之。夫惟明智君子，深識長慮，然後知其為益之大而收功之遠也。光武遭漢中衰，群雄麋沸，奮起布衣，紹恢前緒，征伐四方，日不暇給，乃能敦尚經術，賓延儒雅，開廣學校，脩明禮樂，武功既成，文德亦洽。繼以孝明、孝章，遹追先志，臨雍拜老，橫經問道。自公卿、大夫至於郡縣之吏，咸選用經明行脩之人，虎賁衛士皆習《孝經》，匈奴子弟亦遊大學，是以教立於上，俗成於下。其忠厚清脩之士，豈惟取重於縉紳，亦見慕於眾庶；愚鄙污穢之人，豈惟不容於朝廷，亦見棄於鄉里。自三代既亡，風化之美，未有若東漢之盛者也。及孝和以降，貴戚擅權，嬖倖用事，賞罰無章，賄賂公行，賢愚渾殽，是非顛倒，可謂亂矣。然猶綿綿不至於亡者，上則有公卿大夫袁安、楊震、李固、杜喬、陳蕃、李膺之徒面引廷爭，用公義以扶其危，下則有布衣之士符融、郭泰、範滂、許卲之流，立私論以救其敗。是以政治雖濁而風俗不衰，至有觸冒斧鉞，僵僕於前，而忠義奮發，繼起於後，隨踵就戮，視死如歸。夫豈特數子之賢哉，亦光武、明、章之遺化也。當是之時，苟有明君作而振之，則漢氏之祚猶未可量也。不幸承陵夷頹敝之餘，重以桓、靈之昏虐，保養奸回，過於骨肉；殄滅忠良，甚於寇讎；積多士之憤，蓄四海之怒。於是何進召戎，董卓乘釁，袁紹之徒從而構難，遂使乘輿播越，宗廟丘墟，王室蕩覆，烝民塗炭，大命隕絕，不可復救。然州郡擁兵專地者，雖互相吞噬，猶未嘗不以尊漢為辭。以魏武之暴戾強伉，加有大功於天下，其蓄無君之心久矣，乃至沒身不敢廢漢而自立，豈其志之不欲哉？猶畏名義而自抑也。由是觀之，教化安可慢，風俗安可忽哉！

卷六十八・漢紀六十・獻帝二十四年

譯文

教化，是國家的緊急要務，而俗吏卻輕視它；風俗，是天下的大事，而庸君卻忽視它。只有明智的君子，深謀遠慮，然後才知道它們的益處之大、功效之遠。漢光武帝逢漢朝國運中衰，群雄並起、天下沸騰，以一介平民奮發起兵，恢復祖業，征伐四方，終日忙碌，仍能崇尚儒家經術，以賓客之禮聘請儒家學者，興辦學校，昌明禮樂，建立帝業後，文化道德事業也發展起來。接着是明帝、章帝，追隨先輩的遺志，親臨國家學堂，拜見德高望重的老先生們，虛心向他們請教。從公卿、大夫到郡縣官吏，全都選用熟悉經典、品行端正的人，負責保衛工作的虎賁衛士也都學習《孝經》，匈奴貴族的子弟也到國家設立的學堂學習。因此，國家重視教化，社會就會形成好的風俗。忠厚有德的人，不僅受到高官的尊重，也為百姓所仰慕；愚昧下流之徒，不僅不被朝廷容納，也被鄉里鄙棄。夏、商、周三代之後，教化風俗之美，沒有像東漢那樣興盛的。可是，到漢和帝以後，貴戚專權，小人得勢，賞罰沒有章法，賄賂公行，賢愚不分，是非顛倒，可以說是大亂了。然而東漢朝廷仍然能夠延續，不至於滅亡，原因在於：上有公卿大夫袁安、楊震、李固、杜喬、陳蕃、李膺等人在朝廷上當面據理力爭，以公義挽救危機；下有平民百姓符融、郭泰、范滂、許邵之輩，以輿論矯正已經敗壞的社會風氣。所以，政治雖然污濁，而風俗卻不衰敗，甚至有人甘願冒斧鉞誅殺的危險，前面的人倒下了，後面的人忠義之心更加激奮，跟着又起來了，雖接連被殺，仍視死如歸。這難道只是他們幾個人有賢德嗎？不是的，這是漢光武帝、明帝、章帝重視教化的結果。在那時，如果有賢明的君主發奮振作，則漢朝的大業前途仍然不可估量。不幸的是，經過衰敗、凋敝之後，又遇上昏庸暴虐的桓帝和靈帝，保護奸佞，勝過骨肉；屠殺忠良，勝過仇敵；百官的憤怒積壓在一起，天下的不滿匯合到一處。於是何進從外地召來了軍隊，董卓乘機奪權，袁紹等人緊跟着發難，結果皇帝四處流亡，宗廟淪為廢墟，王室傾覆，生靈塗炭，漢朝氣數已盡，不可挽救。然而，各州郡長官雖然擁兵自重，互相吞並，卻都打着「尊王」的旗號。魏武帝曹操粗暴強橫，加上對天下立有大功，包藏取代漢室的野心已經很久了。但直至去世，他都不敢廢掉漢帝，自立為帝，難道他沒有做皇帝的欲望嗎？只是畏懼名不正言不順而自我克制罷了。由此看來，教化怎能輕視，風俗又怎能忽視！

講評

這段評論的背景是曹操拒絕孫權等人讓他當皇帝的建議，司馬光據此強調風俗教化的重要性。孫權上書向魏王曹操稱臣，勸曹操順應天命，代漢稱帝。曹操把孫權的信亮給大家看，說：「這小子想把我放在爐火上烤嗎？」大臣陳群等人都說：「漢朝氣數已盡，不是今天才知道的。殿下您功德巍巍，眾望所歸，孫權遠在江東，都上書來稱臣了。這是天意，您應該正式稱帝，還猶豫什麼呢？」曹操說：「如果天命真的落在我頭上，我還是做周文王吧。」

東漢末年，天下大亂，民不聊生。曹操雄才大略，以其強有力的鐵腕和實幹精神脱穎而出，統一北方，安定民生。他在朝中大權獨攬，視漢獻帝為傀儡，但到底跨不過心裏那道坎，總覺得取漢室而代之名不正言不順，終其一生也沒有篡漢稱帝。司馬光認為這正是東漢二百年提倡忠義氣節、強調道德教化的結果，由此可見風俗教化的重要作用。

貳玖

知人之道，唯公與明

——評曹魏考課法

為治之要，莫先於用人，而知人之道，聖賢所難也。是故求之於毀譽，則愛憎競進而善惡渾殽；考之於功狀，則巧詐橫生而真偽相冒。要之，其本在於至公至明而已矣。為人上者至公至明，則群下之能否焯然形於目中，無所復逃矣。苟為不公不明，則考課之法，適足為曲私欺罔之資也。

何以言之？公明者，心也，功狀者，跡也。己之心不能治，而以考人之跡，不亦難乎！為人上者，誠能不以親疏貴賤異其心，喜怒好惡亂其志，欲知治經之士，則視其記覽博洽，講論精通，斯為善治經矣；欲知治獄之士，則視其曲盡情偽，無所冤抑，斯為善治獄矣；欲知治財之士，則視其倉庫盈實，百姓富給，斯為善治財矣；欲知治兵之士，則視其戰勝攻取，敵人畏服，斯為善治兵矣。至於百官，莫不皆然。雖詢謀於人而決之在己，雖考求於跡而察之在心，研核其實而斟酌其宜，至精至微，不可以口述，不可以書傳也，安得豫為之法而悉委有司哉！

或者親貴雖不能而任職，疏賤雖賢才而見遺；所喜所好者敗官而不去，所怒所惡者有功而不錄，詢謀於人，則毀譽相半而不能決；考求其跡，則文具實亡而不能察。雖復為之善法，繁其條目，謹其簿書，安能得其真哉！

或曰：人君之治，大者天下，小者一國，內外之官以千萬數，考察黜陟，安得不委有司而獨任其事哉？曰：非謂其然也。凡為人上者，不特人君而已；太守居一郡之上，刺史居一州之上，九卿居屬官之上，三公居百執事之上，皆用此道以考察黜陟在下之人，為人君者亦用此道以考察黜陟公卿、刺史、太守，奚煩勞之有哉！

或曰：考績之法，唐、虞所為，京房、劉卲述而脩之耳，烏可廢哉？曰：唐、虞之官，其居位也久，其受任也專，其立法也寬，其責成也遠。是故鯀之治水，九載績用弗成，然後治其罪；禹之治水，九州攸同，四隩既宅，然後賞其功；非若京房、劉卲之法，校其米鹽之課，責其旦夕之效也。事固有名同而實異者，不可不察也。考績非可行於唐、虞而不可行於漢、魏，由京房、劉卲不得其本而奔趨其末故也。

卷七十三．魏紀五．明帝景初元年

治國的關鍵，沒有比用人更重要的了；然而識別人才，連聖賢也感到困難。因此求助於輿論的毀謗或讚譽，那麼個人愛憎爭相摻雜進來，則導致善惡混淆；根據文書檔案進行考核，則巧詐橫生，真假不明。總之，識別人才的根本在於主上的至公至明罷了。上級至公至明，那麼屬下有能無能心裏就會清清楚楚。如果上級不公不明，那麼考績之法，恰好能夠成為徇私、欺騙的依託。

為什麼這樣說呢？所謂至公至明，是要出自內心，所謂文書檔案，反映的是外在表現。自己的內心都不能端正，而要去考察別人的表現，不也很難嗎？居上位的人，考核下屬不依據親疏貴賤和個人的喜怒好惡。想要了解誰的學問廣博，只要看他博學強記，見解精闢通達，那他就是飽學之士了；想要了解誰善長斷案，只要看他斷案明辨真相，不使人含冤受屈，那他就是善於斷案了；想要了解誰善長理財，只要看他管轄範圍內倉庫盈實，百姓富足，那他就是善於理財了；想要了解誰善長治軍，只要看他戰必勝、攻必取，能使敵人畏服，那他就是善於治軍了。至於考核文武百官，莫不如此。雖然要聽取別人的意見，但決斷在於自己；雖然考核要看實際表現，但審察卻在自己內心。考核官員，是最為精密細微的事情，其中的要義很難說得清楚，寫得明白，怎麼可以預先定出法則而全部委派給有關部門辦理呢？

有的人因是皇親顯貴，雖然無能但仍被任官授職；有的人因為關係疏遠、出身卑賤，雖然有德有才但仍被排斥。當權者所喜歡的人即使失職也不被罷免，所惱怒厭惡的人即使有功也不被錄用。向人咨詢，毀譽各半而不能決斷；考核事跡，內容空洞而不能覺察。即使制定了再好的考核辦法，增加考核條目，審核檔案文簿，又怎麼能得到真實情況呢？

有人說：君主管轄的範圍，大到天下，小到封國，裏裏外外的官吏成千上萬，要一一考察任免，怎麼能不委派給有關部門而獨自承擔呢？我的回答是：當然不是這個意思。居上位的人，不只是君王而已；太守、刺史是州郡的長官，九卿是屬員的長官，三公是百官之首，如果各級都用這個辦法考察任免自己的下屬，君王也用這個辦法考察任免三公、九卿、郡守，還會有什麼煩勞呢？

有人說：考績之法，是唐堯、虞舜所制定，京房、劉卲加以繼承脩訂，怎麼可以廢除呢？我的回答是：唐堯、虞舜的官吏，任職時間長，職責專一，設立法規寬，完成期限遠。所以鯀治水，歷經九年尚未完成，然後才治他的罪；大禹治水，等到九州全部安定，四方土地都可以居住，然後才嘉獎他的功勞；不像京房、劉卲制定的考核辦法，考核官吏繁雜瑣碎的事情，責求他們一朝一夕的成效。事情本來就有名同而本質不同的一面，不可不明察。考績並不是只在唐堯、虞舜時才可能實行，而在漢、魏不可行，而是由於京房、劉卲沒有弄清根本問題而只追求細枝末節的緣故。

講評

這段評論針對魏明帝制定考課法而發。曹操死後，魏文帝曹丕篡漢稱帝。到他兒子魏明帝曹叡在位時，選官用人流行以名取人。明帝對誇誇其談而腹中空空的浮華之徒深惡痛絕，認為名聲好聽的人不一定真有才能，於是命人制定專門考察官吏能力和功績的考課法，並發給群臣討論。

司馬光綜合考察當時各位大臣的意見，對官員的選任和管理提出自己的看法。他認為要考核官吏的業績，無論是根據社會輿論，還是根據紙面上的檔案材料，都無法避免被奸人鑽空子的情況，最終還是得靠上級至公至明、慧眼識珠。毫無疑問，司馬光把希望都寄託在上級身上肯定是有缺陷的，如果上級也出了問題，那選賢任能的願望豈不落了空？但司馬光這段話的意義在於告誡我們不要迷信制度。任何制度都不是萬能的，都有它的局限。制度是死的，人是活的。好制度要想發揮作用，還要有好人運作，使之不斷適應形勢的發展。

叁拾

政之大本，在於刑賞

——評晉武帝避貴刑賤

政之大本，在於刑賞，刑賞不明，政何以成！晉武帝赦山濤而褒李憙，其於刑賞兩失之。使憙所言為是，則濤不可赦；所言為非，則憙不足褒。褒之使言，言而不用，怨結於下，威玩於上，將安用之！且四臣同罪，劉友伏誅而濤等不問，避貴施賤，可謂政乎！創業之初，而政本不立，將以垂統後世，不亦難乎！

卷七十九・晉紀一・武帝泰始三年

譯文

為政的根本在於刑賞，刑賞不明，治國理政還能靠什麼取得成功！晉武帝赦免山濤而褒獎李熹，在刑和賞兩方面都不明。如果李熹所言是對的，那麼山濤就不可以赦免；所言是錯的，李熹就不值得褒獎。褒獎李熹讓他進言，卻又不採用，在下使大臣之間結下怨恨，在上則使皇帝權威受到輕視，這樣又將如何任用李熹？況且四位大臣罪行相同，只有劉友被處死而山濤等人卻不問罪，避開權貴而施法於卑賤，這能說是為政之道嗎？開國創業之初就不能樹立治理國家的根本，要想長久地把基業傳給後世，不是很難嗎？

講評

這段評論針對晉武帝避貴刑賤而發。李熹彈劾劉友、山濤、王睦、武陔四名官員非法侵吞國有土地，結果出身相對低賤的劉友被晉武帝殺了，其他幾個出身高貴的士族官員竟然只要保證將來不再犯就免於追究。

從司馬懿到司馬師、司馬昭兄弟，再到晉武帝司馬炎，司馬氏用了三代人近半個世紀的時間完成了篡魏立晉，統一三國的大業。這其中除了威望崇高、手腕高明，也少不了漢魏以來成長起來的豪強大族的支持。這些豪強大族經過東漢以來的發展，很多已經世代當官，壟斷各種政治經濟文化特權，他們被稱為「門閥士族」。「門」是門第等級；「閥」是閥閱，即祖上世代積累的功勞和資歷；「士族」是說這一家族的人世代當官。因此，晉朝本質上就是各大門閥士族的聯合王朝。而司馬氏正是最有實力、最有名望的門閥士族，是盟主。在這種局面下，晉武帝優待籠絡出身高貴、有權有勢的門閥士族以換取他們的支持也就不難想象了。在晉武帝如此偏袒、縱容之下，當權的門閥士族急速腐敗墮落，要麼終日沉迷於「清談」之類的語言遊戲，要麼競相炫富，比誰有錢，反正就是不理朝政，身居廟堂之上，心遊山林之間。結果西晉建立不過短短五十年，就在匈奴等內遷少數民族起兵反叛的浪潮中淹沒。

司馬光在這裏強調，既然司馬炎已經當了皇帝，那就應該執法公正，賞罰嚴明，無論親屬貴賤，一視同仁。開國皇帝是最有權威的，一開始就如此朝綱紊亂，王朝的命運肯定長久不了。

叁壹

任而猜之，鮮有不亂

——評前秦王苻健唆使太子濫殺顧命大臣

顧命大臣，所以輔導嗣子，為之羽翼也。為之羽翼而教使翦之，能無斃乎！知其不忠，則勿任而已矣；任以大柄，又從而猜之，鮮有不召亂者也。

卷一百．晉紀二十二．穆帝永和十一年

譯文

顧命大臣，是用來輔佐教導太子、作為太子羽翼的。既然作為太子羽翼卻教唆太子消滅他們，能不自取滅亡嗎？如果懷疑顧命大臣不忠，就不要任用；既然任用他們，授予大權，又猜忌他們，少有不招來禍亂的。

講評

這段評論的背景是前秦王苻健臨死前囑咐太子如對顧命大臣有疑心就可以殺掉他們。西晉滅亡後，中原士族紛紛渡江，流亡江左（即江東，今蘇南、浙江北部）。琅琊王司馬睿在一批流亡江左的高門士族支持下稱帝即位，定都建康（即今南京），史稱「東晉」。東晉政權偏安江南，而北方黃河流域、中原故土則都丟給了匈奴、羯、氐、羌、鮮卑等北方少數民族建立的眾多政權，史稱「五胡十六國」。起初一段時間，各少數民族及漢族相互融合不夠，隔膜較深，各族間戰亂不斷，史稱「五胡亂華」。前秦是氐人苻氏家族建立的政權，前秦君主苻健臨死前跟太子苻生說，顧命大臣如果有不聽你話的，就應該逐漸除掉他們。

司馬光就此指出，疑人不用，用人不疑，尤其是選用顧命大臣這樣位高權重的大官。現在把大權授予人家，卻不信任甚至任意殺害，有能力又有權力的臣下自然不願坐以待斃，只能是君逼臣反。果然，苻生即位後猜忌大臣，殘忍嗜殺，弄得人人自危，部眾離心，最終被苻堅發動政變殺死。

叁貳

愛一人而不愛一國之人，失人心多矣

——評前秦王苻堅寵信奸臣

古之人，滅人之國而人悅，何哉？為人除害故也。彼慕容評者，蔽君專政，忌賢疾功，愚暗貪虐，以喪其國，國亡不死，逃遁見擒。秦王堅不以為誅首，又從而寵秩之，是愛一人而不愛一國之人也，其失人心多矣。是以施恩於人而人莫之恩，盡誠於人而人莫之誠，卒於功名不遂，容身無所，由不得其道故也。

卷一〇三・晉紀二十五・簡文帝咸安二年

譯文

古時候的人，滅了人家的國家而人家卻覺得高興，為什麼呢？因為這叫為民除害。那個慕容評，蒙蔽君主，專擅朝政，猜忌賢能，嫉恨功臣，愚昧昏暗，貪婪暴虐，最終丟掉了國家社稷，國家滅亡了，他本人還不死，逃亡躲避，終被擒獲。秦王苻堅不但不殺他，而且還放縱他、寵信他，給他官做，這是愛一個人而不是愛一國人，肯定要喪失很多人心。所以，對人家施以恩惠而人家並不感激你，對人家竭盡誠意而人家並不覺得你有誠意，最終功名不成，無處容身，這是由於沒掌握治國方法的緣故。

講評

這段評論的背景是前秦王苻堅滅前燕後，優待前燕奸臣慕容評。當苻堅以賢人王猛為宰相，領導前秦富國強兵的時候，關東地區的霸主是鮮卑族慕容氏建立的前燕政權。然而此時的前燕已經過了全盛期，皇帝幼小，權臣當道。攝政的老臣慕容評治國無能卻嫉賢妒能，貪贓枉法，魚肉百姓。前秦趁機發兵六萬東征，慕容評率四十萬大軍前去迎敵，此時竟然還不忘斂財，臨陣霸佔水源，賣給士兵，以致軍心渙散，士氣低落，前秦以少勝多，一舉滅燕。以慕容評的所作所為，殺之不足以平民憤，但是苻堅為了展現仁愛寬容，繼續優待慕容評，官至給事中。前燕賢臣慕容垂主動向苻堅進言說：「我叔父慕容評惡跡斑斑，請陛下為燕國受害的百姓殺掉他。」苻堅這才把慕容評從朝中調出，擔任范陽太守。

自古有「吊民伐罪」的說法，是說討伐他國有罪的統治者，慰問他國受苦的人民。這樣的戰爭為民除害，是正義的，也會受到他國人民的歡迎和擁戴。司馬光說的就是這個意思。征服一國，當然要籠絡人心，安定民情，但這是面向廣大人民的，個別禍國殃民、罪大惡極的人必須嚴懲，以平民憤，以快人心。像苻堅這樣不分善惡，連人民的仇人也籠絡、優待，自以為於人有恩，殊不知人民根本不領情，好不容易收獲的人心也會因此流失。

叁叁

驕主御疲民，未有不亡

——評前秦王苻堅敗亡之因

論者皆以為秦王堅之亡，由不殺慕容垂、姚萇故也，臣獨以為不然。許劭謂魏武帝治世之能臣，亂世之奸雄。使堅治國無失其道，則垂、萇皆秦之能臣也，烏能為亂哉！堅之所以亡，由驟勝而驕故也。魏文侯問李克吳之所以亡，對曰：「數戰數勝。」文侯曰：「數戰數勝，國之福也，何故亡？」對曰：「數戰則民疲，數勝則主驕，以驕主御疲民，未有不亡者也。」

秦王堅似之矣。

譯文

卷一〇六・晉紀二十八・孝武帝太元十年

談論這段歷史的人都認為前秦皇帝苻堅之所以敗亡，是因為沒有殺掉慕容垂、姚萇。我卻不這樣認為。許劭說魏武帝曹操是治世之能臣、亂世之奸雄。假若苻堅不違背治國之道，那麼慕容垂、姚萇都是前秦的能臣，怎麼能作亂呢？苻堅之所以滅亡，是由於屢次取勝後驕傲的緣故。魏文侯問李克吳國失敗的原因，李克回答說：「屢戰屢勝。」魏文侯說：「屢戰屢勝，這是國家的福分，為什麼會滅亡呢？」李克回答說：「連續作戰則民眾疲憊，連續勝利則主上驕傲，以驕傲的君主統治疲憊的民眾，沒有不滅亡的道理。」秦王苻堅就與此類似。

講評

這段評論主要討論前秦皇帝苻堅敗亡的原因。公元三七〇年，前秦滅前燕，迅速崛起為北方霸主，短短六年之內連滅數國，統一北方。前秦皇帝苻堅被接連的勝利衝昏了頭腦，與宿敵盡釋前嫌，盲目信任和優待前燕貴族慕容垂、羌族首領姚萇等人，放任其掌控兵權。公元三八三年，苻堅又不顧賢相王猛生前的勸阻，不顧北方初定、人心未穩、民族矛盾尚未消融、政權內部魚龍混雜等嚴重隱患，征發各民族大軍八十七萬悍然南征東晉，雄心勃勃地做起掃盪江南、一統天下的春秋大夢。時值東晉王朝政局穩定，上下一心，將領謝玄臨危受命，率領以精銳的「北府兵」為核心的八萬兵力與前秦軍會戰於淝水之濱。前秦軍原本計劃先稍稍後撤，引晉軍渡河決戰，待晉軍半渡，再以鐵騎突然出擊，全殲晉軍。這時前秦軍內部矛盾暴露出來，強徵而來的各族士兵不願賣命，後撤命令一下，全軍撤退勢不可遏。晉軍趁機追殺，前秦大軍頃刻崩潰，自相踐踏，傷亡不可勝數。這就是歷史上以少勝多的著名戰役——「淝水之戰」。「淝水之戰」的失敗使前秦王朝分崩離析，剛統一不久的北方再度陷入分裂。羌、匈奴、鮮卑等少數民族勢力當初只是暫時被氐族首領苻堅的軍威壓服，並沒有真正融入前秦，現在又紛紛活躍起來，復興故國，稱霸一方。鮮卑慕容垂在河北恢復了大燕國的地盤，羌族姚萇搶佔關中，建立後秦。氐族衰落，苻堅無力困守孤城長安，突圍至五將山，又被後秦兵馬包圍，最終被姚萇俘獲殺害。

苻堅是儒家思想的忠實信徒，相信能以仁愛寬容感化對手，換取天下歸心，因此向來待慕容垂、姚萇等人不薄，不成想這些異族首領們終究恩將仇報，落井下石，連自己的老命也丟在了姚萇手裏。歷代論者感慨苻堅不早殺「狡猾凶惡」的慕容垂、姚萇，強調不能對惡人心慈手軟是有道理的。而司馬光不拘陳說，獨闢蹊徑，認為「能臣」與「奸雄」是可以相互轉化的，關鍵在君王能不能治理好國家。一方面體現了他的辯證思維；另一方面不把苻堅、姚萇、慕容垂這些少數民族首領臉譜化，而是把他們與中原帝王一視同仁，分析他們的優缺點，這也體現了他開明進步的民族觀念，顯然比前人高明不少。

當然，司馬光的眼光集中在為君之道上，容易忽視大的時代背景。在東晉十六國時代，尖銳的民族矛盾是統一之路上不可回避的問題。苻堅對北方的統一是不穩定的，擺在他面前的有兩條路：要麼先保守一點，花上一段時間消化民族矛盾，推進民族融合，全力經營北方，再徐圖進取；要麼冒險南征，攜連戰連勝之威，一鼓作氣，滅亡東晉，一統天下，用空前的偉業和聲威震懾住蠢蠢欲動的各民族勢力，然後推進民族融合。苻堅選擇了後者，結果冒險失敗，全盤皆輸，國破身死。

叁肆

疑則勿任，任則勿疑

——評劉裕猜忌大臣

古人有言：「疑則勿任，任則勿疑。」裕既委鎮惡以關中，而復與田子有後言，是鬥之使為亂也。惜乎！百年之寇，千裏之土，得之艱難，失之造次，使豐、鎬之都復輸寇手。荀子曰：「兼並易能也，堅凝之難。」信哉！

卷一一八·晉紀四十·安帝義熙十三年

譯文

古人有言：「疑人不用，用人不疑。」劉裕既然委任王鎮惡鎮守關中，而又與沈田子說了後面那些話，這是在挑撥他們內鬥，制造內亂。太可惜了，打敗盤踞了百年之久的敵寇，收復千裏之廣的淪陷國土，勝利來之不易，卻因一時不慎而丟掉，使豐邑、鎬京這些古都，又重新落入敵手。荀況說過：「兼並容易，凝結為一體就難了。」確實是這樣啊！

講評

這段評論的背景是劉裕暗示沈田子捕殺王鎮惡，引發北伐軍內亂，導致關中得而復失。西晉滅亡，北方淪陷，東晉小朝廷偏安江南，屢次北伐都遭失敗。當北方胡人騎兵南下，東晉有時連秦嶺淮河一線都保不住，只能隔長江天險對峙。後來謝玄把英勇善戰的北方流民武裝組織起來，加以訓練，終於形成了一支精銳的軍隊，號稱「北府兵」。以「北府兵」為支柱，東晉在淝水之戰中打敗了前秦苻堅的百萬大軍，保衛了漢文化在南方的延續。東晉末年，這支軍隊在權臣劉裕的率領下北伐中原，連續滅掉南燕、後秦，打敗北魏，收復了包括長安、洛陽在內的黃河以南全部失地。

此時距離西晉滅亡已經整整一百年了。這是百年以來南方政權取得的前所未有的大勝利。然而，這時留在都城建康替劉裕掌控朝政的劉穆之突然去世，劉裕擔心後方不穩，大權旁落，放棄乘勝收復西北的打算，決意東還建康。當時匈奴鐵佛部落在今陜北、寧夏一帶建立夏國，威脅南面的關中。劉裕留精兵萬人鎮守關中。可惜留守將領並不團結，名將王鎮惡功勞大，家又在關中，深得關中民心，與家在南方的沈田子等將領互不相容。劉裕表面上希望大家和平共處，保王鎮惡不反，私下裏卻暗示沈田子如果發現異常就捕殺王鎮惡。果然，當夏兵南侵時，沈田子等人以謀反為名殺害了王鎮惡，自己也很快被夏兵打敗。好不容易收復的長安，不到一年就又丟了。

司馬光批判了劉裕猜忌大將、挑起內鬥的做法。強敵當前，本應用人不疑，團結一心，然而劉裕明知諸將爭功、地域不和的情況，卻不調解矛盾，反而支持南方將領殺害大將王鎮惡，破壞內部團結。更何況王鎮惡是關中人，深得民心，無端殺害他，怎能不使人心惶惶、百姓寒心呢？不團結，又失去民心，不打敗仗就怪了。當然，我們進一步分析就會發現，其實劉裕本來就是有私心的。他已經是東晉的權臣，在他眼裏，北伐不再是單純為國家收復失地，更多是為了給自己將來的謀權篡位撈取政治資本；關中百姓、長安父老也未必被他當成自己人，而更像尚未穩定的新佔地盤上難以信任的刁民罷了。如此看來，劉裕容許沈田子殺害王鎮惡、又輕易放棄長安就可以想象了。又過了兩年，公元四百二十年，劉裕篡奪了東晉的皇位，改國號為「宋」，為區別後來的宋朝，史稱「劉宋」。南朝從此開始。

叁伍

舉賢才以任百官，脩政事以利百姓

——評北魏孝文帝濫施小恩小惠

人主之於其國，譬猶一身，視遠如視邇，在境如在庭。舉賢才以任百官，脩政事以利百姓，則封域之內無不得其所矣。是以先王黈纊塞耳，前旒蔽明，欲其廢耳目之近用，推聰明於四遠也。彼廢疾者宜養，當命有司均之於境內；今獨施於道路之所遇，則所遺者多矣。其為仁也，不亦微乎！況赦罪人以橈有司之法，尤非人君之體也。惜也！孝文，魏之賢君，而猶有是乎！

卷一三八・齊紀四・武帝永明十一年

譯文

君主和國家是一體的，遠看近看一個樣，邊境、朝廷一個樣。如果選賢任能，脩明政事，為百姓謀福利，那麼國內的百姓就都能各得其所，安居樂業。因此，古代的聖王用絲綿把耳朵堵上，用帽穗兒把眼睛遮住，就是為了不讓自己的耳目被近處的東西蒙蔽，而是努力讓自己聽到、看到四面八方的情況。那些殘疾有病的人應該撫養，應當命令有關部門把這種恩澤普及全國範圍內所有殘疾病人身上。現在只是對在路上遇見的幾個人施捨一下，那麼被遺漏的就太多了，這只是一種小恩小惠！何況赦免罪人，阻撓有關部門執法，尤其不是君主應該做的事。可惜啊！孝文帝是北魏的明君，也能幹出這種事來！

講評

這段評論的背景是北魏孝文帝濫施小恩小惠。北魏是鮮卑族拓跋氏建立的北方民族政權，原本叫「代國」，被前秦苻堅所滅。前秦崩潰，拓跋氏趁亂復國，改國號「北魏」。劉裕篡位建立劉宋後二十年間，北魏逐步統一了北方。南北朝對峙局面形成。北魏孝文帝拓跋宏（後改漢名元宏）

為擺脱野蠻落後的狀態，與南朝爭奪天下正統，實行包括漢化在內的一系列改革，使北魏國力增強，也使被戰亂破壞的中原地區經濟文化重新繁榮起來，被稱為一代明君。這一年，孝文帝下地方視察，路上遇到殘疾的老百姓，就下令官府把這幾人終身養活起來；遇到軍隊中抓了三個偷盜的士兵，就下令把他們放了。當時執法的官員表示反對，孝文帝表揚了他的嚴格執法，但同時又表示自己是皇帝，有權法外開恩，特赦罪犯。

司馬光雖然稱讚孝文帝是明君，但仍毫不客氣地批評了孝文帝法外開恩、用小恩小惠收買人心的行為。就像司馬光説的，整個國家都是君主的，國家的利益在根本上就是君主的個人利益。君主靠法律制度管理國家，嚴格謹慎地按照法律辦事、公正執法是對國家整體利益的最好維護，如果想施加恩惠，可以在法律制度上進行完善。現在法外開恩，隨意施予小恩小惠，貌似可以顯示仁慈，其實是目光不夠長遠的表現。天下那麼多老弱病殘，那麼多罪犯，你還能一一施恩嗎？

叁陸

明辨是非，不惑世俗

——評北魏孝文帝選官先門第後賢才

選舉之法，先門地而後賢才，此魏、晉之深弊，而歷代相因，莫之能改也。夫君子、小人，不在於世祿與側微，以今日視之，愚智所同知也；當是之時，雖魏孝文之賢，猶不免斯蔽。故夫明辨是非而不惑於世俗者，誠鮮矣！

卷一四〇・齊紀六・明帝建武三年

譯文

在選官制度上，先考慮門第，再考慮才能，這是魏晉時期的一大弊端，然而代代沿襲，沒人能改。君子、小人之別不在於出身高貴還是低賤，這個道理用今天的眼光看，愚人和智者都明白；但在當時，即使是北魏孝文帝這樣的賢人，還免不了被蒙蔽。所以說，能明辨是非而不被世俗所迷惑的人確實是少有啊。

講評

這段評論的背景是北魏孝文帝實行漢化改革之後，選官制度先門第而後賢才。孝文帝與群臣討論選官制度時問：「近代以來，出身高低貴賤各有定分，我想按這個現成的等級來選官，怎麼樣？」不料大臣李沖當即反問：「自古以來，設立官職是為膏粱子弟準備的呢？還是為治理國家準備的呢？」孝文帝說當然是為了治理國家。李沖接着問：「那陛下為什麼按門第出身選官而不按才能呢？」孝文帝強辯說，出身高貴門第的人即使才能不怎麼樣，德行也比常人高。李沖馬上指出商朝的賢臣傅說、周朝的賢臣姜太公呂望都不是高貴出身。孝文帝的回應是傅說和姜太公都是非常之人，這種情況太少了。這時其他大臣也紛紛表示反對，李彪把孔子搬了出來，指出孔子選賢都不拘門第；韓顯宗指出，孝文帝這不是讓貴賤世襲了嗎？那怎麼行？孝文帝被迫鬆口，說：「如果有高明卓然、出類拔萃的，朕亦不拘此制。」但最終孝文帝還是堅持按門第選官，他認為不拘門第，只按才能選官會使君子、小人沒有區別，這絕對不行。賢才固然難得，但也不能僅為個別的賢才就擾亂典章制度。

自從東漢士族豪強崛起以來，他們就逐漸操縱了選官程序。到了魏晉南北朝，門閥士族更獲得了法定的政治經濟特權。他們憑借高貴的門第世代壟斷朝廷高官，號稱「公門有公，卿門有卿」，而寒門子弟則長期被踩在下面，再有才能也沒有出頭之日，結果高門士族缺乏競爭，日漸腐朽，難以給國家提供合適的人才，寒門子弟又因為選官不公而心懷不滿。北魏孝文帝改革，在學習漢文化的過程中，把按門第高低貴賤選官這一弊政也一起學過去了，把南遷到洛陽的漢化鮮卑貴族和留在北方的漢人士族定為北魏的門閥士族，加以優待尊崇。孝文帝死後沒多久，弊端顯現，鮮卑人內部矛盾激化，隨孝文帝南遷洛陽、漢化的鮮卑貴族和漢人士族一起高高在上，享盡榮華富貴；一幫窮兄弟卻被扔在塞北的六個軍鎮替他們防守邊疆，受盡歧視。被激怒的六鎮鮮卑發動武裝暴動並迅速發展成轟轟烈烈的北方各族人民大起義，最終埋葬了北魏王朝。門閥士族和按門第選官的制度一直延續到隋唐。北宋時期門閥士族已經消亡，考試定乾坤的科舉制已經成熟。司馬光回顧歷史，總結經驗教訓，清醒地認識到選官用人一定要唯才唯德，不分貴賤，否則就會滋生弊端，喪失活力。

這裏值得注意的還有兩點。第一，為什麼孝文帝明明在群臣的追問之下理屈詞窮，還非要強詞奪理？孝文帝大刀闊斧推行漢化改革是何等魄力，以他的雄才遠略豈能看不出堅持門第選官的弊端？其實這裏包含着孝文帝針對北魏胡漢融合這一特殊局面的考慮。誰不知道按才能選官好？然而這時漢化改革剛推行不久，多數鮮卑貴族甚至連漢字都不識，先進文化完全掌握在中原漢族士人手中。如果這時完全按才能選官，那麼朝中還有鮮卑貴族的容身之地嗎？孝文帝搞漢化是為了學習漢族先進文化，優化統治，要的是鮮卑貴族與漢人士族的聯合統治，怎麼肯把自己的本族兄弟都排擠出去呢？第二，反對孝文帝按門第選官的李沖、李彪等人都是漢人中的高門士族，按理說門第選官對他們自己沒什麼不好，但正是他們帶頭反對孝文帝按門第選官。心繫天下的傳統儒家理想對中國士人影響之深可見一斑。

輕重視情，寬猛隨時

——評北魏貴族免死之詔

夫爵祿廢置，殺生予奪，人君所以馭臣之大柄也。是故先王之制，雖有親、故、賢、能、功、貴、勤、賓，苟有其罪，不直赦也；必議於槐棘之下，可赦則赦，可宥則宥，可刑則刑，可殺則殺；輕重視情，寬猛隨時。故君得以施恩而不失其威，臣得以免罪而不敢自恃。及魏則不然，勳貴之臣，往往豫許之以不死；彼驕而觸罪，又從而殺之。是以不信之令誘之使陷於死地也。刑政之失，無此為大焉！

卷一四一・齊紀七・明帝建武四年

譯文

爵位俸祿的廢除授予，人臣性命的生殺予奪，是君王駕馭臣下的重大權柄。所以，先王們定下的制度中，雖然有親、故、賢、能、功、貴、勤、賓等（即「八議」）八類人群可以減免刑罰的規定，但是如果臣下犯有罪行，也不能直接赦免，而一定要通過刑法部門來議定，可赦免則赦免，可寬大則寬大，該判刑就判刑，該殺就殺，懲罰的輕重視實際情況而定，寬嚴隨時機而變。因此，君王得以施行恩義而又不失其威嚴，臣子們得以免罪而又不敢以此自恃。到了北魏卻不是這樣，對於功勳顯貴的大臣，往往預先許諾他們不死，以致驕橫不法，觸犯死罪，又被處死。這是用言而無信的允諾誘惑他們並陷之於死地啊。刑罰政令的過失，沒有比這更大的了。

講評

這段評論的背景是北魏貴族曾接受過免死之詔，但仍因謀反而被處死。北魏孝文帝遷都洛陽，推行漢化改革，引起了很多保守貴族的不滿。他們聚集在同樣反對改革的太子周圍，密謀造反，被孝文帝及時發覺並平定，一眾黨徒全部伏誅。其中的陸睿曾接受過孝文帝賜予的不死之詔，但因為參加這次謀反也被孝文帝賜死。

司馬光認為歷代都有給宗親貴族減罪的制度化的「八議」，那就應該嚴格按照制度來，能免死就免死，免不了就是免不了，有制度在那擺着，皇帝的權威不受影響。現在北魏王朝法外開恩，給貴族頒賜免死詔書，但真到了謀反該死的時候，免死詔書到底救不了命，反而讓皇帝背負了言而無信的罵名，損害了皇帝的權威。司馬光的評論提示我們，制度對領導者權威的制約和維護是相輔相成的，而非二元對立。領導者主動遵守制度雖然暫時束縛了權力的手腳，從長遠來看，這也是在保障權力的持久穩定運行。

兄弟之恩誠厚，王者之法安在

——評梁武帝姑息兄弟

宏為將則覆三軍，為臣則涉大逆，高祖貸其死罪可矣。數旬之間，還為三公，於兄弟之恩誠厚矣，王者之法果安在哉！

卷一四八．梁紀四．武帝天監十七年

譯文

蕭宏為將，導致全軍覆沒；為臣，涉嫌大逆不道，梁武帝饒了他的死罪也就罷了。然而，僅僅幾十天的時間，蕭宏就重新擔任三公這樣的高官，就兄弟之情而言，確實是夠深厚的，可是帝王的法度又到哪去了呢？

講評

這段評論的是梁武帝蕭衍縱容其六弟蕭宏。公元五〇二年，蕭衍篡奪南齊的天下，建立梁朝，即梁武帝。梁武帝在位五十年，把國家治理得不錯，自己也勤奮、節儉。梁武帝對自己要求很嚴格，對政治對手殘酷無情，但對兄弟們違法亂紀的行為卻盡可能地姑息縱容。蕭宏是梁武帝的六弟，封為臨川王，是個紈絝子弟。梁武帝派他率軍北伐，他畏縮不前，臨陣脫逃，導致數十萬大軍一朝潰散，梁武帝也沒有怪罪；他窩藏殺人凶手，又涉嫌謀刺梁武帝，只不過免官了事，而且不久就重新當上了高官。尤其荒唐的是，蕭宏非法斂財三億多，藏在後院，被梁武帝當場查獲，梁武帝看到私藏的不是武器，竟然龍顏大悅，誇道：「老六，你真會理財！」然後兄弟徹夜歡飲。

司馬光批判梁武帝只重親情，法紀不嚴，縱容兄弟犯罪。他沒有說出的是梁武帝對威脅到自己權位的政敵是多麼殘酷無情。篡齊建梁後，梁武帝幾乎把原來齊朝的宗室全部殺光。他寬容、姑息的都是蕭宏這樣至少是看上去對自己沒有威脅的無能鼠輩，只要不造反，貪幾個錢那還叫罪嗎？

叁玖

明王守要道，忠臣陳大禮

——評梁武帝剛愎自用

梁高祖之不終也，宜哉！夫人主聽納之失，在於叢脞；人臣獻替之病，在於煩碎。是以明主守要道以禦萬機之本，忠臣陳大體以格君心之非。故身不勞而收功遠，言至約而為益大也。觀夫賀琛之諫亦未至於切直，而高祖已赫然震怒，護其所短，矜其所長；詰貪暴之主名，問勞費之條目，困以難對之狀，責以必窮之辭。自以蔬食之儉為盛德，日昃之勤為至治，君道已備，無復可加，群臣箴規，舉不足聽。如此，則自餘切直之言過於探者，誰敢進哉！由是奸佞居前而不見，大謀顛錯而不知，名辱身危，覆邦絕祀，為千古所閔笑，豈不哀哉！

卷一五九・梁紀十五・武帝大同十一年

譯文

梁武帝不得善終，是應該的。國君在納諫方面的過失，在於過分注意繁雜瑣碎的事情而沒有雄才大略。大臣在進諫方面所犯的毛病，也在於過於煩瑣而不能直指要害。因此，明君抓住治國的要領作為處理政事的根本，忠臣陳述大的道理來規勸君王的錯誤想法。所以，君王不需身心疲勞，就能收獲長遠功效；大臣說得簡明扼要卻收益極大。縱觀賀琛的進諫，可以說還未達到直言極諫的地步，而梁武帝卻已經勃然大怒，袒護自己的短處，誇耀自己的長處。詰問貪婪暴虐的官吏名字，追問勞民傷財、鋪張浪費的具體條目，用令人難以回答的問題困擾他，用令人理屈詞窮的言辭責備他。梁武帝自認為，每頓飯只吃蔬菜的節儉作風是極大的美德，忙到太陽偏西才吃飯這種勤勉的工作態度是最好的治國辦法，為君之道他已具備，無可復加了，認為大臣的規勸全都不值得聽取。這樣一來，那些比賀琛的進諫更懇切、直率的話，誰還敢向梁武帝說呢？因此，奸佞小人近在眼前卻視而不見，重大決策嚴重失誤也不知道，自己的聲名蒙受羞辱，人身安全也陷入險境，國家顛覆，祭祀斷絕，為人憐憫恥笑，豈不悲哀？

講評

這段評論是針對梁武帝聽不進賀琛的委婉勸諫，反而當廷詰責而發。梁武帝英雄一世，到了晚年卻越發荒悖起來。先是過分崇信佛教，三次捨身給同泰寺，群臣向寺廟裏捐了幾億錢才把他贖出來，那可都是老百姓的血汗錢！後來又貪圖河南的地盤，接納北朝東魏的叛將侯景。不久竟然出爾反爾，出賣侯景，與東魏做了交易，侯景走投無路，被逼造反，一路攻入京城建康，包圍了皇宮所在的台城。引狼入室的梁武帝在侯景的圍困中餓死，終年八十五歲。「侯景之亂」引發江南大動盪，不久梁朝就滅亡了。大臣賀琛做官並沒有顯著的業績，而且收受賄賂、貪生怕死。他以精通儒家禮儀聞名，受到梁武帝重視。但就是這樣一個並非直諫敢諫的大臣稍微向梁武帝指出了四點弊政，用的還是委婉謙卑的語言，梁武帝都受不了，還要在朝堂之上以天子之尊發表長篇大論來回擊，把賀琛乃至滿朝文武嚇得噤若寒蟬。老年的梁武帝剛愎自用到如此荒謬的程度，以後誰還敢進諫、敢說真話呢？司馬光認為從這一點就已經能看到梁武帝晚年引狼入室、餓死台城，被後人憐憫譏笑的下場了，確實是見微知著。

肆拾

人臣事君，宜將順其美，正救其惡

——評孔奐失信於先帝

夫人臣之事君，宜將順其美，正救其惡。孔奐在陳，處腹心之重任，決社稷之大計，苟以世祖之言為不誠，則當如竇嬰面辯，袁盎廷爭，防微杜漸以絕覬覦之心。以為誠邪，則當請明下詔書，宣告中外，使世祖有宋宣之美，高宗無楚靈之惡。不然，謂太子嫡嗣，不可動搖，欲保輔而安全之，則當盡忠竭節，以死繼之，如晉之荀息，趙之肥義。奈何於君之存，則逆探其情而求合焉；及其既沒，則權臣移國而不能救，嗣主失位而不能死！斯乃奸諛之尤者，而世祖謂之遺直，以託六尺之孤，豈不悖哉！

卷一六九・陳紀三・文帝天康元年

譯文

臣子侍奉君主，應該發揚他的美德，補救他的過錯。孔奐是陳朝的心腹大臣，決定着關係國家社稷的大事。他如果認為陳文帝說把天下讓給弟弟那番話不是真心實意的，就應該像漢朝的竇嬰和袁盎那樣在朝廷上當面和皇帝據理力爭，防微杜漸，不給奸人鑽空子的機會。如果認為陳文帝的話是真誠的，那就應當請皇帝公開下詔，宣告中外，使陳文帝有宋宣公捨子立弟的美德，陳宣帝無楚靈王殺兄自立的惡行。如果不這樣做，而是說太子是嫡系皇位繼承人，地位不可動搖，自己想要輔佐保全他。他就應當竭盡忠誠，至死不渝，就像春秋戰國時期晉國的荀息、趙國的肥義那樣。怎麼能在君主活着的時候揣摩他的心思而迎合他；等到君主死後，權臣篡國卻不能挽救，法定繼承人失去皇位卻不能以死殉節！這就是奸詐、奉承到了極點的人，而世祖說他有古代正直大臣的遺風，託付他輔佐幼年即位的兒子，豈不荒謬！

講評

這段評論的背景是陳文帝給兒子選定的顧命大臣孔奐未能盡忠職守，而是隨波逐流，承認了陳宣帝對侄子皇位的篡奪。梁武帝末年，梁朝爆發了「侯景之亂」，八十五歲的梁武帝被侯景叛軍囚禁餓死。各路豪傑打着勤王、平叛的旗號紛紛起兵，南朝大亂。最終將領陳霸先平定叛亂，翦滅群雄，成為梁朝權臣。公元五五七年，陳霸先篡位稱帝，建立南朝最後一個王朝——陳朝。陳武帝陳霸先和兒子陳文帝艱苦創業，逐步收復失地，使陳朝一點點從侯景之亂的創傷中恢復過來。公元五六六年，陳文帝病重，表達出因為太子年幼，想把天下讓給弟弟安成王陳頊的想法。孔奐看出這不是文帝真心，流淚反對，文帝覺得孔奐是個正直的忠臣，就把太子託付給他。一年之後，安成王陳頊廢了侄子，自己當了皇帝，這就是陳宣帝。孔奐沒能堅守氣節，而是接受了這個現實，繼續做他的高官。

司馬光批評孔奐表面正直，實則專門揣測上意，接受先帝託孤，又不能保護好太子，反而屈膝於謀權篡位者，是一個不忠不義的奸佞小人。司馬光的評論對後代的道德警示很有意義，但某種程度上也脫離了南朝當時的大環境。南朝的宋齊梁陳四朝都短命，每朝內部也政變不斷，皇位更迭頻繁。門閥士族為保自己門第不衰，特權不失，趨炎附勢已是常態，而皇帝為了取得門閥士族的支持，獲得統治的合法性，也並不追究士族不為前朝守節之罪。可見孔奐的行為也是風氣使然。其實在北方有北齊、北周兩大強敵窺視的局面下，陳宣帝年長即位是有好處的。正是在陳宣帝時期，陳朝達到極盛，一度北伐收復淮河以北的失地，直到陳後主時期最終被隋朝滅亡。

肆壹

勝而愈儉，善處勝矣
——評周武帝堅持儉樸作風

周高祖可謂善處勝矣！他人勝則益奢，高祖勝而愈儉。

卷一七三・陳紀七・宣帝太建九年

譯文

周武帝可以說是善於對待勝利了！別人勝利後就更加奢侈，周武帝勝利後卻更加節儉。

講評

這段評論的背景是北周武帝取得戰爭勝利後更加節儉。公元五三四年北魏解體，分裂為定都長安的西魏和定都鄴城的東魏。後來東魏權臣高歡的子孫篡了東魏，建立北齊；西魏權臣宇文泰的子孫篡了西魏，建立北周。北周武帝宇文邕是一代英主。他勵精圖治，富國強兵，趁北齊後主昏庸無能，朝廷奸臣當道之機，於公元五七七年率軍東征，一舉滅掉北齊，重新統一北方。周武帝滅北齊後下令把以前周、齊兩國脩建的華麗宮殿統統拆毀，把那些用來裝飾宮殿的寶物賜給貧民，並規定以後新建宮殿一定要簡單樸素，以此向天下昭示自己要樹立艱苦樸素的社會風尚的決心。司馬光高度評價了周武帝不被勝利衝昏頭腦，拒絕奢侈腐化，堅持簡樸作風的精神。「歷覽前賢國與家，成由勤儉敗由奢」，周武帝提倡節儉，居安思危，確實值得讚頌。

肆貳

勢鈞位逼，同產相奪

——評隋文帝諸子奪嫡

昔辛伯諗周桓公曰：「內寵並后，外寵貳政，嬖子配嫡，大都偶國，亂之本也。」人主誠能慎此四者，亂何自生哉！隋高祖徒知嫡庶之多爭，孤弱之易搖，曾不知勢鈞位逼，雖同產至親，不能無相傾奪。考諸辛伯之言，得其一而失其三乎！

卷一八〇．隋紀四．文帝仁壽四年

譯文

從前辛伯勸周桓公說：「后宮寵妃的地位與皇后相等，朝廷寵臣的地位與執政大臣相等，庶子的地位與嫡子相等，大城市的規模和國都相等，這都是動亂的根本原因。」君主果真能在這四方面謹慎行事的話，動亂怎麼會發生呢？隋文帝只知道嫡子和庶子之間容易發生爭端，皇室孤立容易動搖，卻不知道如果親王之間勢均力敵，那麼即使是同父同母的親兄弟，也不能避免相互傾軋爭奪。考察辛伯說的那番話，隋文帝只學到了其中一點而丟掉了其他三點啊！

講評

這段評論針對隋文帝楊堅分封諸子為王以致勢均力敵、引起殘酷的儲位之爭而發。周武帝滅北齊後不久就英年早逝，周宣帝即位。周宣帝性格叛逆，對早年父親的嚴厲管教懷恨在心，上台後就推翻父親的政策，打壓父親留下的功臣，荒淫無道，濫殺無辜，大失人心。公元五八〇年，周宣帝去世，外戚楊堅以小皇帝外祖父的身份輔政，乘機攫取朝廷大權。公元五八一年，楊堅篡位，建立隋朝。八年後，隋朝大軍渡江，滅亡陳朝，統一天下，中國終於結束了自東漢末年以來長達四百年的分裂動盪年代，迎來嶄新的統一強盛的隋唐王朝。

隋朝是北朝的直接繼承者。由於北朝長期動盪的社會環境，以及少數民族入主中原的影響，北方婦女參與生產，婚姻自由，很多人和男子一樣騎馬射箭，英勇善戰，性格剛健雄渾，社會地位很高。花木蘭就是北朝婦女的典型代表。隋文帝楊堅的皇后獨孤氏，出身鮮卑化匈奴貴族，充分體現了北朝婦女的特點。她參加政治決策，把楊堅也管得很嚴，絕不容忍楊堅有別的姬妾。在獨孤皇后的管控下，楊堅五個兒子都是同母的親兄弟。楊堅經常誇口說自己的兒子們那麼親，肯定不會出現歷史上骨肉相殘的慘劇。楊堅又把兒子們分封為王，領兵鎮守各地，以為這樣就可高枕無憂了。結果晉王楊廣奪了楊勇的太子之位，害死楊勇全家，又陷害秦王楊俊；楊廣登基後，漢王楊諒又起兵造反，並和楊廣爭天下。兄弟之間爭權奪利、自相殘殺，同以往一樣慘烈。統治集團的內耗也是隋朝盛極而衰、短命而亡的一個間接原因。

立儲是中國古代關係到國家社稷的一件大事，皇位繼承問題也是政治鬥爭集中爆發點。司馬光自然極為重視，他批評隋文帝楊堅以為避免嫡庶之爭就可高枕無憂，而沒想到一味地分封諸王也會使同父同母的親兄弟手足相殘。皇位繼承鬥爭歸根結底是權力之爭。隋文帝既然定了楊勇當太子，就應該重點加強楊勇的權力和地位，反而封兒子們為有實權的親王，讓他們領有軍隊，勢均力敵，建功立業，等各位親王羽翼豐滿，野心膨脹，還會甘心聽太子的話嗎？當然楊堅也有私心，分封諸王除了鞏固統治，還是不放心太子，擔心自己活着的時候就被太子奪了權，於是讓諸王來制衡太子。

肆叁

蹀血禁門，貽譏千古

——評玄武門之變

立嫡以長，禮之正也。然高祖所以有天下，皆太宗之功；隱太子以庸劣居其右，地嫌勢逼，必不相容。向使高祖有文王之明，隱太子有泰伯之賢，太宗有子臧之節，則亂何自而生矣！既不能然，太宗始欲俟其先發，然後應之，如此，則事非獲已，猶為愈也。既而為群下所迫，遂至蹀血禁門，推刃同氣，貽譏千古，惜哉！夫創業垂統之君，子孫之所儀刑也，彼中、明、肅、代之傳繼，得非有所指擬以為口實乎！

卷一九一・唐紀七・高祖武德九年

譯文

立嫡長子為太子，是禮制規定的正道。唐高祖李淵之所以能奪取天下，都是次子李世民的功勞；隱太子李建成才能平庸，卻因為是長子而位居李世民之上，兩人的地位權勢不相上下，必不相容。假使唐高祖李淵有周文王那麼聖明，隱太子李建成有泰伯那麼賢達，唐太宗李世民有子臧那樣的節操，政變又怎麼會發生呢？既然不能如此，唐太宗本想要等李建成先動手，然後反擊，這樣太宗殺李建成算是迫不得已，即使如此，仍然是做的過分了。但太宗迫於群臣的壓力，最終喋血宮門，殺害親兄弟，遭到後世譏諷，可惜啊！創業垂統的君主，是子孫學習的典範，後來中宗、玄宗、肅宗、代宗的皇位傳承中反覆出現政變奪權，都是以學習太宗為借口啊！

司馬光這段評論的背景是著名的「玄武門之變」。隋文帝辛辛苦苦二十四年，給兒子留下一個盛世中的大隋王朝，而隋煬帝的暴政短短幾年就把它推入了滅亡的火坑。隋朝末年，天下大亂，反隋義軍風起雲湧。隋煬帝巡遊江南，無法返回，最終在江都兵變中被殺。隋煬帝的表哥李淵趁機在太原起兵，一路南下，攻佔長安，建立大唐，然後掃盪群雄，統一天下。創業的過程，雖不像司馬光描述的那樣天下全是靠秦王李世民打下來的，但李世民也是屢立奇功，威望不在太子李建成之下。政局穩定後，兄弟關係也從當初合力打天下變成競爭對手，而且為除掉對方，雙方都蓄謀已久。當時太子李建成佔據優勢，不但得到李淵寵妃張婕妤和尹德妃的幫助，而且齊王李元吉也站在太子一邊。李淵逐漸親信太子，疏遠李世民。李世民得知，太子黨已經搜集了足以置自己於死地的罪證報告給李淵，李淵召兄弟三人第二天進宮對質。在這個緊要關頭，李世民在秦王府謀士們的支持下，當機立斷，先發制人。次日清晨，李世民在李建成、李元吉進宮必經的玄武門設下埋伏，親手射殺了大哥李建成。混亂中，李世民因戰袍被樹枝掛住而墜馬。李元吉猛撲上來，扼住李世民的喉嚨。千鈞一發之際，尉遲敬德及時趕到，將李元吉射殺。這就是震驚朝野的「玄武門之變」。政變後，唐高祖李淵立李世民為太子，不久乾脆把皇位也禪讓給李世民，自己當太上皇去了。

古人講究人倫親情、君臣大義，談到「玄武門之變」，大都批評唐太宗喋血宮門，殺兄逼父。就連注重維護李世民形象的唐朝人，也不得不用極力抹黑李建成、突出李世民功勞的辦法沖淡李世民的罪責。司馬光尤其崇尚禮儀，重視道德教化，對唐太宗殺兄逼父的行為肯定是不能容忍的。但司馬光寫《資治通鑒》到底是要讓宋朝皇帝學習借鑒如何做個好皇帝，而唐太宗李世民正是司馬光心中首屈一指的好皇帝、宋朝皇帝學習的榜樣，怎麼能抹黑呢？於是在思想衝突中就誕生了這篇委婉折中的史論。司馬光認為，假設大家都讓一步，李淵「聰明」點，早點看出李世民將成為未來的明君，直接立為太子，李建成主動讓位，李世民謙讓推辭，如此父慈子孝，兄友弟恭，那該是一幅多麼感人的歷史畫面啊！即使不這樣，起碼也得等李建成先動手再反擊。顯然，在殘酷而瞬息萬變的政治鬥爭中，這種理想不可能實現。若是等李建成先下手，恐怕李世民和他的幕僚們早就人頭落地了，而且死了還免不了被扣個謀權篡位的帽子，永世不得翻身。我們權且把這些議論當作善意的勸誡吧。

司馬光評論中真正值得注意的在後面，即前輩做了什麼，後輩都在看在學，一不留神就成了作惡的榜樣，後患無窮。我國古代還有一種得到廣泛認同的說法，叫「逆取順守」。你是不是用非法的手段奪取天下大家不管，只要你能遵循常理把天下治理好，那就值得肯定，而且你之前的逆取也將得到大家的理解和尊重。這就比較理智，李世民可以算個典型。他的「貞觀之治」雖然算不上富裕，不是什麼盛世，但確實給飽受戰亂之苦的老百姓帶來了政治清明、安居樂業的日子，使唐朝的經濟社會走出了隋末大亂以來的低谷。更難得的是，李世民殺了太子李建成和齊王李元吉，但對原太子府和齊王府的幕僚卻不計前嫌，任人唯賢，原太子府舊人魏徵就是典型。由此可見，李世民確實是個明君。

肆肆

君明臣直，君表臣景

——評裴矩佞於隋而忠於唐

古人有言：君明臣直。裴矩佞於隋而忠於唐，非其性之有變也；君惡聞其過，則忠化為佞，君樂聞直言，則佞化為忠。是知君者表也，臣者景也，表動則景隨矣。

卷一九二·唐紀八·高祖武德九年

譯文

古人有言：「君主聖明，臣下就正直。」裴矩在隋朝是奸臣而到了唐朝就成了忠臣，並不是他的本性變了。君主厭惡聽別人說自己的過錯，那麼忠臣也就跟着轉化為奸臣，君主樂意聽別人直言進諫，那麼奸臣也跟着轉化為忠臣。由此可知，君主就像測影定時的圭表，臣子就像影子，標杆一動則影子也跟着動。

講評

這段評論的背景是裴矩佞於隋而忠於唐。裴矩是在北齊、北周、隋、唐連續做官的四朝元老，政治經驗非常豐富，很有才能，尤其擅長處理邊疆民族事務。隋文帝時，天下初定，局勢不穩，裴矩平定嶺南廣州地區的叛亂，打敗突厥的入侵，安定南北邊疆。隋煬帝即位後，好大喜功，想開疆拓土，裴矩又繪制西域地圖，幫隋煬帝經營西域，並把疆域擴大到青藏高原東部。因此，深受信任，躋身隋煬帝身邊最有權勢的所謂「七貴」之列。隋煬帝最後一次巡遊，被困在江南，無法返回，又是裴矩出謀劃策，給遠離家鄉的將士就地娶親，穩定軍心，延緩了兵變的發生，而且兵變發生時，叛軍也出於感恩，主動保護裴矩的人身安全。歸順唐朝後，裴矩繼續身居高位，又給唐太宗出謀劃策。一次，唐太宗打擊腐敗，來了個「釣魚執法」，派人主動向官員行賄，試探官員，結果有一官員竟然收了。太宗大怒，要殺了他。裴矩勸諫太宗說，受賄確實該死，但主動引人犯罪就不道德了，影響很不好。太宗很高興，還特意當眾表揚裴矩敢於據理力爭，不一味順從。

俗話說「上梁不正下梁歪」，司馬光這段評論重在強調統治者的素質和品德對國家政治和社會風氣的重要性。當然裴矩在隋朝也充分發揮了才能，做了很多貢獻，說不上多麼奸佞；在唐朝敢於直言進諫也是摸準了唐太宗喜歡表現自己善於納諫的心理，說不上多麼忠直。與理想中剛正不阿、忠正耿直之人相比，世間更多的是有進有退、明哲保身的普通人，關鍵是如何像裴矩那樣做到在明哲保身的同時還能盡職盡責做好自己分內的事，盡可能實現自己的個人價值和社會價值，而不是完全隨波逐流、唯利是圖。

肆伍

天下大器，不私所愛

——評唐太宗理智立儲

唐太宗不以天下大器私其所愛，以杜禍亂之原，可謂能遠謀矣！

卷一九七．唐紀十三．太宗貞觀十七年

譯文

唐太宗不在皇位繼承這個重大問題上偏袒自己的愛子，以此來杜絕禍亂的根源，可以說是能深謀遠慮啊！

講評

這段評論的背景是唐太宗克制個人好惡，理智解決立儲問題。唐太宗晚年，皇位繼承問題凸顯出來。唐太宗早已立長孫皇后生的長子李承乾為太子，但魏王李泰天生英武，文武雙全，深受唐太宗喜愛。魏王李泰也想當太子，不遺餘力地陷害太子李承乾，企圖顛覆其太子地位，複製隋煬帝楊廣及父親李世民奪權成功的經歷。李承乾被逼鋌而走險，發動政變，失敗後被囚禁。李泰雖然暫時成了太子的優先人選，但其陰險狡詐的面目也很快被太宗認清。太宗雖然喜愛李泰，但也清醒地認識到，如果立李泰為太子，那就說明太子之位是可以靠投機取巧、玩弄陰謀爭取的。要是以後大家都來爭，天下就永無寧日了。於是太宗把李泰幽禁起來，最終決定立第九子晉王李治為皇太子，即後來的唐高宗。這一主張也得到了長孫無忌等老臣的支持，皇位繼承問題終於解決。司馬光在這裏肯定的就是唐太宗能保持清醒的頭腦，為子孫後代考慮，而不被自己偏愛李泰的私心蒙蔽。

肆陸

同心勠力，以濟太平

——評盧懷慎謙虛讓賢

昔鮑叔之於管仲，子皮之於子產，皆位居其上，能知其賢而下之，授以國政，孔子美之。曹參自謂不及蕭何，一遵其法，無所變更，漢業以成。夫不肖用事，為其僚者，愛身保祿而從之，不顧國家之安危，是誠罪人也。賢智用事，為其僚者，愚惑以亂其治，專固以分其權，媢嫉以毀其功，愎戾以竊其名，是亦罪人也。崇，唐之賢相，懷慎與之同心戮力，以濟明皇太平之政，夫何罪哉！《秦誓》曰：「如有一介臣，斷斷猗，無它技；其心休休焉，其如有容；人之有技，若己有之，人之彥聖，其心好之，不啻如自其口出，是能容之，以保我子孫黎民，亦職有利哉。」懷慎之謂矣。

卷二一一．唐紀二十七．玄宗開元三年

譯文

春秋時期齊國的鮑叔牙對於管仲，鄭國的子皮對於子產，都是本來位居其上，卻能在了解到管仲、子產的賢能之後甘居其下，將治國理政的大權交給他們，這種做法得到孔子的讚美。漢朝丞相曹參自認為比不上蕭何，因而完全遵從蕭何制定的法度，無所更改，漢家的帝業因此得以成就。如果昏庸無能的人當權，作為他的僚屬，出於愛惜性命、保全富貴的考慮，無原則地聽從他的旨意，不顧國家社稷安危，這種人真是罪人。如果賢良明智的人當權，作為他的僚屬，愚弄蠱惑以致擾亂他治國理政的部署，專斷固執以致分散削弱他的權力，嫉賢妒能以致詆毀他的功績，剛愎偏執以致竊取他的名望，這種人也是罪人。姚崇是唐朝的賢相，盧懷慎與他齊心協力，成就唐明皇太平盛世的基業，盧懷慎有什麼可責備的呢？《尚書．秦誓》上說：「如果有一位臣子，一心守善而沒有什麼其他的本領，他的心地善良美好，寬廣包容，別人有了本事，就好像是他自己有了一樣；別人才能出眾，他能真正打心眼裏喜歡這個人，而不只嘴上說說而已，這是能容人的表現。用他治理保護我的子孫黎民，那我的子孫黎民就能得到好處啊。」這段話說的就是盧懷慎這樣的人。

講評

這段評論針對的是盧懷慎與姚崇同為宰相而事事遵從姚崇意見。盧懷慎和姚崇在唐玄宗在位初期同時擔任宰相。姚崇精明強幹，雷厲風行，與後來的宋璟、張說、張九齡等人並稱賢相，為人傳誦。相比之下，盧懷慎則顯得有些默默無聞。盧懷慎自認為能力有限，日理萬機、高效行政不是他的長處，就謙虛地把國家大事辭讓給姚崇處理，自己則全力支持姚崇，人稱「伴食宰相」。其實盧懷慎出身天下第一流的名門望族范陽盧氏，長期在御史台任職，負責監察工作，德高望重，清慎廉潔，也很有政治眼光，並非尸位素餐之徒。他的謙讓實際是揚長避短。盧懷慎穩居宰相之位，本身就可以起到安定人心的作用，正好與性格外向的姚崇形成互補。

司馬光專門讚揚盧懷慎。一方面，盧懷慎高尚的德行與司馬光崇尚的道德規範相符合；另一方面，也表達了司馬光的獨到見解——形式上是否改革出新不是關鍵，推行的政策是否利國利民才是關鍵。前人能力有限，就應該自覺讓後起的賢人改革，比如，管仲改革、子產改革。前人賢明、措施得力，後人就應該自覺遵守，避免折騰，比如，蕭規曹隨。

肆柒

華靡示人，大盜之招

——評安史之亂起因

聖人以道德為麗，仁義為樂；故雖茅茨土階，惡衣菲食，不恥其陋，惟恐奉養之過以勞民費財。明皇恃其承平，不思後患，殫耳目之玩，窮聲技之巧，自謂帝王富貴皆不我如，欲使前莫能及，後無以逾，非徒娛己，亦以誇人。豈知大盜在旁，已有窺窬之心，卒致鑾輿播越，生民塗炭。乃知人君崇華靡以示人，適足為大盜之招也。

卷二一八・唐紀三十四・肅宗至德元年

譯文

聖人以道德為美，以仁義為樂。因此，雖然衣食住行等生活條件不好，但他們不以簡陋為恥，唯恐在自己身上花費太多以致勞民傷財。唐玄宗自恃天下太平，不居安思危，盡情享受耳目聲色，還誇耀說，所有帝王都沒我富貴，前無古人後無來者。他不僅自娛自樂，而且還向別人炫耀。他哪裏知道安祿山之類的竊國大盜就在身邊，而且已經有了窺探皇位的不良居心，最終導致叛亂發生，皇帝逃亡，生靈塗炭。由此可知，君主崇尚奢靡並且向別人誇耀，足以招來竊國大盜。

講評

司馬光這段評論針對的是開元、天寶盛世之下，「安史之亂」的突然爆發。唐太宗「貞觀之治」給唐朝歷史開個好頭，唐高宗、武則天、中宗、睿宗時期，雖然宮廷內部齷齪不斷，血腥政變多次發生，但對老百姓的生活影響不大，社會經濟仍在持續向前發展。公元七一二年，唐睿宗之子二十八歲的唐玄宗李隆基即位（又稱唐明皇），結束了高宗、武則天以來統治集團內部的混亂局面，第二年改年號為「開元」。從此玄宗君臣同心協力，改革弊政。他曾帶頭禁止奢靡的風俗，下令把宮中各種金銀玩物回爐重熔，充作貨幣，以供軍國之用；把中看不中用的珠寶玉器、精美絲綢在殿前當眾焚毀，以示決心；連長安、洛陽兩京專門為皇家織造錦緞的作坊也被下令停工。玄宗君臣的勵精圖治，把唐朝的綜合國力推向頂峰，幾十年間河清海晏，國泰民安，大唐威名遠揚，萬邦來朝，史稱「開元盛世」。中國古代有「某某之治」和「某某盛世」兩種概念。「之治」只要政通人和，百姓安居樂業就好；而「盛世」則把繁榮昌盛外延到國際影響力、人民精神面貌等各個方面，更接近古人理想的太平盛世。公元七四二年，唐玄宗改元「天寶」。天寶年間，盛世仍在持續發展，但唐玄宗的心態卻悄然發生變化。玄宗年紀大了，逐漸失去了年輕時勵精圖治的銳氣，開始驕傲自滿，懈怠政事，追求起奢侈享受來了。有一種天下太平，我也功德圓滿，奢侈一下又能怎麼樣的心理。

安祿山是唐軍中的胡人將領，因在防禦契丹的戰爭中屢立大功受到唐玄宗的賞識。安祿山頗有心機，善於討老皇帝歡心，甚至主動給楊貴妃當了干兒子，由此一路高陞，做到范陽、平盧、河東三鎮節度使。節度使是唐朝為應對突厥、契丹、吐蕃等民族入侵，在邊疆設立的享有軍政全權的大軍區，當時一共才九個，安祿山一個人就佔了三個，控制了今遼寧、河北、北京、山西等廣大地區，兵強馬壯。安祿山屢次進宮朝見，發覺唐玄宗越來越不思進取，奢侈享樂，荒廢朝政，心中便萌發了取而代之的念頭，但表面上馬屁拍得更響了。唐玄宗一如既往地信任安祿山，不斷給他加官進爵。公元七五五年，安祿山終於在范陽（今北京）造反，起兵十五萬，南下攻佔洛陽、長安，自稱「大燕」皇帝。安祿山父子死後，史思明父子又成為叛軍的核心領袖，史稱「安史之亂」。安史之亂持續了八年之久才被平定，唐朝元氣大傷，由盛轉衰，從此一蹶不振。

司馬光指出，唐玄宗早年勵精圖治，本是厲行節儉的，但後來卻日漸奢侈起來。正是唐玄宗晚年展示出的驕傲自滿、奢侈享樂誘發了安祿山的不臣之心。由此警告後世的統治者一定要居安思危，注意自己的言行舉止，時刻保持謙虛謹慎、艱苦樸素的作風，不要給奸人可乘之機。統治者的功成身退不像普通人那麼容易。一般來說，統治者，尤其有豐功偉績的統治者是相當有權威的，奸人一般不敢犯上作亂。但統治者自己志得意滿，轉而追求享樂，那麼原來沒有二心的人也會感到有漏洞可鑽，更何況安祿山這樣的野心家了。

肆捌

策名委質，有死無貳

——評唐肅宗悔殺叛臣

為人臣者，策名委質，有死無貳。希烈等或貴為卿相，或親連肺腑，於承平之日，無一言以規人主之失，救社稷之危，迎合取容以竊富貴；及四海橫潰，乘輿播越，偷生苟免，顧戀妻子，媚賊稱臣，為之陳力，此乃屠酤之所羞，犬馬之不如。儻更全其首領，復其官爵，是諂諛之臣無往而不得計也。彼顏杲卿、張巡之徒，世治則擯斥外方，沈抑下僚；世亂則委棄孤城，齏粉寇手。何為善者之不幸而為惡者之幸，朝廷待忠義之薄而保奸邪之厚邪！至於微賤之臣，巡澂之隸，謀議不預，號令不及，朝聞親征之詔，夕失警蹕之所，乃復責其不能扈從，不亦難哉！六等議刑，斯亦可矣，又何悔焉！

卷二二〇・唐紀三十六・肅宗至德二載

譯文

身為人臣，既然接受了君王任命的官職，就應該獻身朝廷，忠貞不貳，至死不渝。而陳希烈等人，有的貴為王侯將相，有的親如皇親國戚，天下太平的時候，沒有一句話規勸皇帝的過失，挽救國家的危機，只是一味迎合，撈取富貴。等到安祿山反叛，天下大亂，皇帝出逃避難，他們卻苟且偷生，留戀家室，媚賊稱臣，給逆賊安祿山出謀劃策，這是連屠夫酒販都感到羞恥、連犬馬都不如的無恥行為。倘若再留着他們的性命，恢復他們的官爵，就會使那些阿諛奉承之徒得勢。顏杲卿、張巡這樣的忠臣，太平之世被排擠於朝廷之外，長期在低級官位上徘徊；天下大亂則被拋棄在孤城之中，最後慘死敵手。為什麼善人如此不幸，而惡人如此幸運？為什麼朝廷對忠義之士如此刻薄，而對奸邪之徒如此寬厚？至於那些卑微低賤的小臣、巡邏傳令的僕役，朝廷的謀議他們不參與，君王的號令也傳不到他們手中，早晨才聽到皇帝親征的詔書，晚上就不知道皇帝的行蹤，卻責備怪罪他們護駕不力，豈不是太難為他們了嗎！對於投敵叛變的官吏按照六等定罪，是可行的，唐肅宗又有什麼可悔恨的呢？

講評

這段評論針對唐肅宗誅殺安史之亂中的叛臣而又後悔而發。盛唐承平日久，「安史之亂」事起突然，叛軍一舉攻佔洛陽、長安，老皇帝唐玄宗倉皇出逃。很多官員挺身而出，顏杲卿堅守河北，在叛軍背後周旋，張巡堅守睢陽，是唐朝在南方江淮一帶後勤基地的屏障，最後都英勇不屈，身死國難；也有很多來不及逃走的官員為了保住性命，延續榮華富貴，或主動或被迫向叛軍投降。其中不乏宰相陳希烈之類的高官，詩人王維之類的名流。幾年後，唐軍收復兩京，這些投降叛軍的人又成了唐軍的俘虜。領兵平叛的肅宗長子廣平王李俶（即後來的唐代宗李豫）當時答應赦免他們。然而按大唐律法，他們都是死罪。為分化瓦解叛軍，唐肅宗接受李峴的建議，按照「首惡必辦，脅從不問」的原則分六等給這些叛國投敵的官員定罪。舊宰相陳希烈等二十多人被斬首或賜死，其餘人分別處以杖刑、流放和貶官。後來從叛軍中回來的人說，尚在叛軍中的唐舊臣先因廣平王的赦免而悔恨叛唐，後因肅宗誅殺陳希烈等人而堅定了反叛的決心。唐肅宗聽說後又悔恨不已。

司馬光認為這些投降叛軍的官員貪圖富貴，苟且偷生，反覆無常，死有餘辜。唐肅宗嚴明法紀，誅殺首惡之徒是應該的，不該悔恨，有悔恨功夫還不如多多厚待顏杲卿、張巡等忠義之臣。從道義上說司馬光講得很對，叛國投敵的人不殺不足以獎善懲惡，「脅從不問」也可以分化叛軍。然而從現實情況看，唐朝的當務之急是盡快平叛，瓦解敵軍。當初廣平王答應赦免，肅宗又加以誅殺，讓已經動搖的叛軍心生疑懼，增加了以後招降和平叛工作的難度。肅宗悔恨是有一定道理的。

肆玖

民生有欲，無主則亂

——評唐肅宗姑息藩鎮

夫民生有欲，無主則亂。是故聖人制禮以治之。自天子、諸侯至於卿、大夫、士、庶人，尊卑有分，大小有倫，若綱條之相維，臂指之相使，是以民服事其上，而下無覬覦。其在《周易》，「上天、下澤，履」。象曰：「君子以辨上下，定民志。」此之謂也。凡人君所以能有其臣民者，以八柄存乎己也。苟或捨之，則彼此之勢均，何以使其下哉！

肅宗遭唐中衰，幸而復國，是宜正上下之禮以綱紀四方；

而偷取一時之安，不思永久之患。彼命將帥，統藩維，國之大事也，乃委一介之使，詢行伍之情，無問賢不肖，惟其所欲與者則授之。自是之後，積習為常，君臣循守，以為得策，謂之姑息。乃至偏裨士卒，殺逐主帥，亦不治其罪，因以其位任授之。然則爵祿、廢置、殺生、予奪皆不出於上而出於下，亂之生也，庸有極乎！

且夫有國家者，賞善而誅惡，故為善者勸，為惡者懲。彼為人下而殺逐其上，惡孰大焉！乃使之擁旄秉鉞，師長一方，是賞之也。賞以勸惡，惡其何所不至乎！《書》云：「遠乃猷。」《詩》云：「猷之未遠，是用大諫。」孔子曰：「人無遠慮，必有近憂。」為天下之政，而專事姑息，其憂患可勝校乎！由是為下者常眄眄焉伺其上，苟得間則攻而族之；為上者常惴惴焉畏其下，苟得間則掩而屠之；爭務先發以逞其志，非有相保養為俱利久存之計也。如是而求天下之安，其可得乎！跡其厲階，肇於此矣。

蓋古者治軍必本於禮，故晉文公城濮之戰，見其師少長有禮，知其可用。今唐治軍而不顧禮，使士卒得以陵偏裨，偏裨得以陵將帥，則將帥之陵天子，自然之勢也。

由是禍亂繼起，兵革不息，民墜塗炭，無所控訴，凡二百餘年，然後大宋受命。太祖始制軍法，使以階級相承，小有違犯，咸伏斧質。是以上下有敘，令行禁止，四徵不庭，無思不服，宇內乂安，兆民允殖，以迄於今，皆由治軍以禮故也。豈非詒謀之遠哉！

卷二二〇・唐紀三十六・肅宗乾元元年

民眾生來就有欲望，如果沒有君主，就會天下大亂。所以聖人制定禮制來治理國家。從天子、諸侯到卿、大夫、士、庶人百姓，尊卑有別，大小有序，就像網上的線繩一樣編織有序；又像手臂指揮手指一樣靈活順暢，只有這樣，百姓才會服事君上，下面的人才不會有覬覦之心。《周易》說：「天尊在上，澤卑處下，這是履卦。」《象辭》說：「君子以此分辨上下尊卑，安定民心」說的就是這麼回事。總的來說，君主之所以能夠控制臣民，是因為駕馭臣民的權柄掌握在自己手中。假如捨棄權柄，那麼君臣上下就會勢均力敵，還怎麼來統治臣下呢？

唐肅宗遭遇國運中衰，有幸復興，應該端正君臣上下之禮，以統治四方，而他卻苟且偷安，不去考慮將來的禍患。任命將帥，統治四方，是國家的大事，卻僅委派一介使者，屈從於士卒的意願，不管賢能與否，只是按照軍中將士的要求授給軍權。從此以後，習以為常，而君臣還因循不變，以此為萬全之策，這就是姑息。甚至副將、士兵殺死或驅逐主帥，也不懲處他們的罪行，反而將主帥的職位授給他們。這樣一來，君主駕馭臣下的八種權柄——爵、祿、廢、置、殺、生、予、奪，都不是出自君主，而是出於臣下，戰亂從此產生，國家將永無寧日！

君主治理國家，就是要賞善除惡。為善者應該受到鼓勵，作惡者應該受到懲罰。有些人身為部下，卻殺害、驅逐他的上司，作惡莫過於此！朝廷不但不懲罰他們反而讓他們做節度使，掌管一方大權，這是在鼓勵這種行為。獎賞惡行，惡行怎麼能不處處產生呢？《尚書》說：「謀劃事情要從長遠的利益着想。」《詩經》說：「君主謀事不長遠，所以我要向他進諫。」孔子說：「人無遠慮，必有近憂。」帝王治理天下而一味姑息，憂患怎麼能夠消除呢？因此，臣子常常蔑視君王，伺察君王的過失，如果有機可乘就會起兵反叛，殺他全家；君主常常惴惴不安，畏懼臣下，如果找到機會，就會突然襲擊，展開屠殺。於是，都爭着先發制人，以使自己的意願得逞，而沒有能相互保全的長治久安之計。這樣下去，想求得天下安定，難道能夠實現嗎？考察唐代後期禍亂的起因，肇始於朝廷聽任亂兵殺害主帥、反而任命亂兵擁立的侯希逸為平盧節度副使這件事。

古人治理軍隊的根本是要合乎禮制。所以春秋時期晉楚城濮之戰中，晉文公看到自己的軍隊少長有禮，便知道軍隊可用。現在唐朝治軍卻不顧禮法，使得士卒可以欺凌副將，副將可以欺凌將帥，那麼將帥欺凌天子，就是必然的趨勢了。

從此禍亂相繼而起，兵革不息，百姓塗炭，無處申訴，動亂長達二百多年，直至宋朝建立。宋太祖開始制定軍法，以大制小，稍有違犯，軍法處置。所以上下有序，令行禁止，四方征伐不服王化的割據勢力，天下人沒有敢於不服從中央政令的，天下安定，百姓安居樂業，一直到今天，都是由於用禮制治軍的緣故。這豈不是深謀遠慮嗎？

講評

這段評論的背景是唐肅宗姑息藩鎮軍人以下克上，為藩鎮割據埋下伏筆。唐朝以「安史之亂」為界，分為前期和中後期。唐朝中後期有三大頑疾：藩鎮割據、朋黨之爭、宦官專權。司馬光這篇評論針對的就是「藩鎮割據」問題。公元七六三年，持續了八年之久的「安史之亂」被勉強平定，一方面由於朝廷急於妥協求成；另一方面也是中央實力削弱、力不從心，盤踞在河北老巢的安史餘黨並未被斬草除根，而是在接受朝廷招安之後，又原地被封為三個節度使。他們形式上接受朝廷領導，但有獨立的軍隊、財政，對中央時叛時服、若即若離，儼然割據一方的獨立王國，號稱「河北三鎮」。不僅河北三鎮遲遲不能剿滅，而且周圍那些為防範「河北三鎮」而設的節度使們不聽話，中央也只能睜一只眼閉一只眼，如此蔓延到整個北方。節度使又稱「藩鎮」，所以這種局面叫作「藩鎮割據」。唐朝末年，黃巢起義席卷南方，為圍剿起義軍，南方藩鎮的實力也膨脹起來，藩鎮割據擴散到全國，局面徹底失控，李唐朝廷成了光杆司令，最終滅亡在最強大的藩鎮軍閥朱全忠手裏。這一切的起點在哪兒呢？司馬光一直追溯到公元七五八年的一次兵變。這一年平盧節度使王玄志去世，副將李懷玉有控制軍隊的野心，發動兵變殺了王玄志的兒子，擁立自己的親戚侯希逸為繼任主帥，朝廷竟然姑息遷就，承認了既成事實。唐朝軍人自行廢立藩鎮主帥就是從此開始的。

司馬光以小見大、見微知著，告誡後世統治者要嚴肅法紀、防患未然，不能覺得是小事就姑息遷就。沒有規矩，不成方圓。「千里之堤，潰於蟻穴」，制度規矩是用來管人的，需要權威來支撐。制度一旦開了口子，看似雖小，破壞的卻是整個權威，使部下心生輕視。當然，唐肅宗如果一開始就依法嚴懲李懷玉，殺一儆百，雖然中央實力不如從前，那麼地方藩鎮對中央的畏懼尚存，此時又沒有割據的先例可循，「藩鎮割據」局面的出現是可以延緩的。待中央緩過勁來，消滅藩鎮，強化中央集權都是有可能的。但唐肅宗一味姑息，只求暫時的安寧，等「藩鎮割據」局面完全形成，想管也管不住了。

伍拾

用人無親疏，惟賢與不肖

——評崔祐甫選官

臣聞用人者，無親疏、新故之殊，惟賢、不肖之為察。其人未必賢也，以親故而取之，固非公也；苟賢矣，以親故而捨之，亦非公也。夫天下之賢，固非一人所能盡也，若必待素識熟其才行而用之，所遺亦多矣。古之為相者則不然，舉之以眾，取之以公。眾曰賢矣，己雖不知其詳，姑用之，待其無功，然後退之，有功則進之；所舉得其人則賞之，非其人則罰之。進退賞罰，皆眾人所共然也，己不置豪髮之私於其間。苟推是心以行之，又何遺賢曠官之足病哉！

卷二二伍・唐紀四十一・代宗大歷十四年

譯文

我聽說，用人沒有親疏、新舊之別，只考察賢能與否。有的人未必賢能，卻因為親朋故舊的關係被錄用，這固然是不公道的；有的人很賢能，因為親朋故舊的關係被捨棄，這也是不公道的。天下的賢人，固然不是一個人所能看遍的，如果一定等待平素相識、熟知他的才幹德行再錄用，那麼所遺漏的賢人也就很多了。古代的宰相就不是這樣。他以公眾的口碑來推舉，以公正的標準來錄用。公眾說這是賢人，自己雖然不了解詳細情況，但姑且先試用着，等到他沒有功績再將他辭退，有功績就提拔他。被推舉的是賢人就獎賞推舉者，不是賢人就懲罰他。昇降、賞罰，都是大家所公認的，自己在中間沒有絲毫的私心。如果以這樣的用心來選官，又怎麼會有遺漏賢人和選官不稱職的毛病呢？

講評

這段評論是針對崔祐甫選官時注意推選自己了解的人而發。常袞和崔祐甫相繼擔任宰相。常袞為相時，為革除弊政，選官公正，杜絕私門請託的不良之風，只要不是通過科舉考試考上來的，一律拒絕任用。雖然遏制了行賄請託之風，但科舉考試之路畢竟較窄，也遺漏了不少人才。崔祐甫接替常袞後，不拘一格推舉人才，除了科舉考試，自己了解熟識的人裏只要有才能也大力推薦。於是有人指責他用人沾親帶故，但崔祐甫不以為然，說不了解的人怎麼能隨便推舉呢？考試選官容易流於僵化平庸，遺漏特殊人才，考試成績好的也不一定稱職；推薦選官又容易滋生腐敗，任人唯親，也會遺漏不熟識的人才。這是中國古代人才選拔過程中的一大難題。司馬光提出了他的解決辦法——「舉之以眾，取之以公」，凡是公眾推舉的賢才，即使不熟悉也可先試用着，再根據他的實際業績決定下一步的去留。這樣既不會遺漏人才，又可以避免私心。

伍壹

君勤恤而民不懷，民愁怨而君不知

——評唐德宗錯失除弊之機

甚矣唐德宗之難寤也！自古所患者，人君之澤壅而不下達，小民之情鬱而不上通；故君勤恤於上而民不懷，民愁怨於下而君不知，以至於離叛危亡，凡以此也。德宗幸以遊獵得至民家，值光奇敢言而知民疾苦，此乃千載之遇也。固當按有司之廢格詔書，殘虐下民，橫增賦斂，盜匿公財，及左右諂諛日稱民間豐樂者而誅之。然後洗心易慮，一新其政，屏浮飾，廢虛文，謹號令，敦誠信，察真偽，辨忠邪，矜困窮，伸冤滯，則太平之業可致矣。釋此不為，乃復光奇之家。夫以四海之廣，兆民之眾，又安得人人自言於天子而戶戶復其徭賦乎！

卷二三三．唐紀四十九．德宗貞元三年

譯文

唐德宗太執迷不悟！自古以來，人們所擔憂的，是君主的恩澤壅塞而不能下達，小民的情緒鬱結而不能上通。所以，君主在廟堂之上憂心憐恤百姓，但百姓並不懷恩感德；百姓在下面憂愁埋怨，但君主並不知道，最終導致百姓流離反叛，國家傾危敗亡，道理就在於此。德宗有幸因打獵來到百姓家中，又趕上趙光奇敢進直言而得以了解民間疾苦，這真是千載難逢的機會啊。唐德宗本來應當嚴查有關部門有令不行、殘害百姓、橫徵暴斂、貪污公款的罪行，誅殺周圍那些天天歌功頌德，稱道民間糧食豐收、安居樂業的諂媚小人；然後洗心革面，革新朝政，摒棄浮華的裝飾，廢除空洞的虛文，嚴明號令，勉勵誠信，審察真偽，明辨忠奸，哀憐窮困，平反冤獄，那麼天下太平便可以實現了。可唐德宗丟開這些不做，卻只免除趙光奇一家的賦役。然而，四海廣大，百姓眾多，又怎能人人都親自向天子講明情況，戶戶都得以免除徭役與賦稅呢？

講評

這段評論的背景是唐德宗聽農民趙光奇談到民間疾苦後，並沒有從根本上整頓朝政，只是免除了趙光奇家的賦稅徭役。唐德宗在新店打獵，來到農民趙光奇家中。德宗問：「老百姓高興嗎？」光奇說：「不高興。」德宗奇怪，問道「今年糧食大豐收，怎麼能不高興呢？」趙光奇鬥膽進言：「新實行的兩稅法明明說兩稅之外別無他稅，現在官府又開始亂收稅了，而且比正規的兩稅還重；官府名義上向老百姓收購糧食，實際上卻不給錢；本來說好了交公糧只要在道邊就行，現在卻要老百姓自己送到京城西邊的軍營，動不動就幾百里路，光路費就能讓人破產。老百姓這麼苦，怎麼高興得起來呢？朝廷每每下詔體恤百姓，都只不過是一紙空文罷了！皇上您久居深宮，這些恐怕您都不知道吧！」德宗聽後，下令免除趙光奇家的賦稅徭役，之後就沒動靜了。

公元七七九年，唐代宗去世，唐德宗李適即位。人們常說「安史之亂」是唐王朝由盛轉衰的轉折點，其實「安史之亂」結束後的肅宗、代宗時期，形勢尚不明朗，大唐餘威尚存，還有整頓朝政復興榮光的希望，而唐德宗時期一系列的政策失誤恐怕才是唐朝走向衰落的關鍵。他討伐藩鎮失敗，反而引火燒身，發生四鎮之亂、涇原兵變等藩鎮叛亂，被迫出逃；此後又轉而姑息藩鎮，使藩鎮坐大，割據局面更加難以撼動；他因兵變而不再信任武將，而讓宦官掌兵，加劇了宦官專權；他不信任宰相，獨斷專行，又增加了執政失誤的風險。德宗在位時期的最大成就在財政改革方面，德宗登基之初，任用宰相楊炎實行著名的「兩稅法」改革，把以前一律按人頭徵收的賦稅改為按田畝徵粟、按財產徵錢，其他一切苛捐雜稅一並歸納進來，統一於夏秋兩季交稅，故稱「兩稅」。從稅人轉向稅地，擴大了稅收面，減輕了無地農民的負擔，也是中國賦役制度史上的一個重大進步。然而由於捨人稅地，國家不再保護被地主兼並土地的貧苦農民；更由於貪官污吏又在兩稅之外任意加稅以及德宗的斂財，本來利國利民的「兩稅法」

很快就再次淪為坑害百姓的弊政。德宗的大力斂財在客觀上確實為後來唐憲宗元和年間掃平藩鎮，實現「中興」積累了寶貴的財富。然而「元和中興」是短暫的，公元八二〇年憲宗去世，穆宗即位不久，藩鎮復叛，唐朝的復興至此終成絕響。唐德宗的失政對此負有不可推卸的責任。

司馬光雖然講究忠君愛國，但也深知君主專制的弊端：皇帝威權在握，臣下不敢說真話，又久居深宮，很容易被諂媚小人迷惑視聽，致使上下不通，民心盡失。因此，他用千載難逢的機遇來形容這次唐德宗與農民趙光奇的對話，也為昏庸的德宗沒能趁機革除弊政，只是發發慈悲，免除一家賦稅了事而感到痛心疾首。

伍貳

苟徇近功，不敦大信

——評唐憲宗誘殺無辜士兵

《春秋》書楚子虔誘蔡侯般殺之於申。彼列國也，孔子猶深貶之，惡其誘討也，況為天子而誘匹夫乎！王遂以聚斂之才，殿新造之邦，用苛虐致亂。王弁庸夫，乘釁竊發，苟沂帥得人，戮之易於犬豕耳，何必以天子詔書為誘人之餌乎！且作亂者五人耳，乃使曹華設詐，屠千餘人，不亦濫乎！然則自今士卒孰不猜其將帥，將帥何以令其士卒！上下盻盻，如寇仇聚處，得間則更相魚肉，惟先發者為雄耳，禍亂何時而弭哉！

惜夫！憲宗削平僭亂，幾致治平，其美業所以不終，由苟洵近功，不敦大信故也。

卷二四一・唐紀五十七・憲宗元和十四年

譯文

《春秋》記載楚子虔在申誘殺蔡侯般，雖然楚、蔡是地位相當諸侯國，但孔子仍對此事深加貶責，因為孔子憎惡楚子虔使用誘殺這種不義的手段來消滅對方。諸侯國之間相互誘殺尚屬不義，更何況身為天子而誘殺自己的士兵呢！主帥王遂靠擅長斂財的才能，被唐憲宗看中，任命他鎮守沂州這個剛剛平定收復的地區。王遂施政苛刻暴虐，以致激發兵變。王弁不過是個見識平庸淺薄的士兵，他乘將士對王遂不滿之機發動兵變。如果唐朝對沂州主帥任用稱職的話，那麼斬殺王弁，就如同殺一條狗、一頭豬一樣容易，又何必以天子詔書作為誅殺王弁的誘餌呢？況且作亂者僅王弁等五人罷了，而唐憲宗卻派曹華設下圈套，屠殺了一千多名不相干的士兵，這不是濫殺無辜嗎？這樣一來，士兵們怎能不猜疑他們的將帥，將帥又怎麼號令他們的士兵呢？將帥和士兵之間像仇敵一樣相處在一起，一有機會就相互殘殺，誰先動手誰就能稱雄。這樣下去，戰禍動亂什麼時候才能平息呢？真是可惜啊！唐憲宗解決了藩鎮叛亂的大問題，國家幾乎回到了太平治世，但好景不長，是因為憲宗只圖眼前小利而不推崇信義啊！

講評

這段評論針對的是朝廷在誘殺兵變主謀王弁後，又設計把只是有參加兵變嫌疑的一千二百名士兵全部殺害。唐憲宗是中晚唐一位奮發有為的皇帝，在位十五年，先後削平西川節度使劉辟、淮西節度使吳元濟、淄青節度使李師道等割據叛亂的藩鎮，連強大的河北三鎮也畏懼中央的軍威而紛紛歸附，這是唐王朝自「安史之亂」以來從未有過的大好局面，史稱「元和中興」。公元八一九年，淄青節度使李師道的叛亂被平定後，舊部被分散到鄆州、青州、沂州三鎮。駐沂州的觀察使王遂對將士苛刻暴虐，引發不滿，士兵王弁等五人發動兵變，刺殺主帥王遂，挾持大眾，自立為帥。朝廷先誘騙主謀王弁去開州做官，半路將其捕殺，但對駐沂州的李師道舊部仍不放心，懷疑他們賊心不死，於是又任命棣州刺使曹華為沂州觀察使，率棣州兵到沂州，誘騙李師道舊部鄆州兵前來領賞，暗中設下埋伏，把一千二百人全部殺害。第二年憲宗去世，不久藩鎮復叛，曇花一現的「元和中興」結束。

司馬光向來重視為君之道，而信義正是為君之道的重點。他認為唐憲宗派人用誘殺這種陰謀手段鎮壓叛亂，而且誅殺首惡後還濫殺無辜，着實不仁不義。雖能平定一時叛亂，卻引起朝廷與將帥，將帥與士兵之間的不信任，為以後兵變不斷發生埋下隱患。

伍叁

朝廷有朋黨，人主當自咎

——評唐中後期朋黨之爭

夫君子小人之不相容，猶冰炭之不可同器而處也。故君子得位則斥小人，小人得勢則排君子，此自然之理也。然君子進賢退不肖，其處心也公，其指事也實；小人譽其所好，毀其所惡，其處心也私，其指事也誣。公且實者謂之正直，私且誣者謂之朋黨，在人主所以辨之耳。是以明主在上，度德而敘位，量能而授官；有功者賞，有罪者刑；奸不能惑，佞不能移。夫如是，則朋黨何自而生哉！彼昏主則不然，明不能燭，強不能斷；邪正並進，毀譽交至；取捨不在於己，威福潛移於人。於是讒慝得志，而朋黨之議興矣。

夫木腐而蠹生，醯酸而蚋集，故朝廷有朋黨，則人主當自咎，而不當以咎群臣也。文宗苟患群臣之朋黨，何不察其所毀譽者為實、為誣，所進退者為賢、為不肖，其心為公、為私，其人為君子、為小人！苟實也，賢也，公也，君子也，匪徒用其言，又當進之；誣也，不肖也，私也，小人也，匪徒棄其言，又當刑之。如是，雖驅之使為朋黨，孰敢哉！釋是不為，乃怨群臣之難治，是猶不種不芸而怨田之蕪也。朝中之黨且不能去，況河北賊乎！

譯文

君子小人不能相容，就像冰和炭火不能放在同一個器皿裏一樣。所以，如果君子執政，就會排斥小人；小人得勢，就會排斥君子，這是很自然的道理。然而，君子提拔賢人，罷免無能的人，是出於公心，實事求是；而小人稱讚他喜歡的人，詆毀他厭惡的人，是出於私心，捏造事實。出於公心、實事求是的人是正人君子；而出於私心，捏造事實的人則是結黨的小人。二者怎麼區分？關鍵在於君主的分辨力。因此，明君執政，衡量官員的德行和才能授予他們官職。立功的獎賞，犯罪的判刑，奸人迷惑不了，佞臣動搖不得。如果都像這樣，又怎麼能產生朋黨呢？那些昏君就不一樣了。他們既不能明辨是非，又不能果斷決策，以致好人壞人都被任用。朝政自己做不了主，大權漸漸轉移到他人手中。於是，小人得志，結為朋黨，相互爭鬥的情況就出現了。

樹木腐朽，蠹蟲就會產生；食醋變質，蚋蟲就會集聚。所以，如果朝廷出現朋黨，君主應當首先自責，而不應當責備群臣。唐文宗如果憂慮群臣結黨，為什麼不去弄清楚他們所誹謗和讚譽的是事實還是誣陷？他們所薦舉的官員是賢人還是無能之輩？辦事是出於公心還是出於私心？他們本人是君子還是小人？如果他們的言行實事求是，薦舉的官員是賢人，辦事出於公心，那麼他們就是君子，朝廷不但應當採納這些人的意見，而且應當提拔他們。如果他們捏造事實，薦舉的官員無能，辦事出於私心，那麼他們就是小人，朝廷不但應當拒絕這些人的意見，而且應當懲罰他們。如果唐文宗能夠這樣去做，那麼就是讓百官結黨營私，也肯定沒有人敢！唐文宗不這樣做，反而埋怨群臣百官難以駕馭，這就好像自己不種田不鋤草，反而抱怨田地荒蕪一樣。唐文宗連朝廷中的朋黨都不能鏟除，更別提河北三鎮的叛賊了！

講評

司馬光這段評論針對的是唐代中後期的朋黨之爭。唐代中後期的皇帝，再沒有太宗、玄宗那樣的蓋世英主，他們深居宮中，與朝臣的關係也不像從前那樣親密，控制力也下降了。外朝的官僚們為爭權奪利，勾結起來，黨同伐異，搞派系鬥爭，成為唐中後期最嚴重的三大問題之一，史稱「朋黨之爭」。「朋黨之爭」持續了四十多年，唐朝在這場內耗中損失了無數人才，嚴重削弱了國力，為其最終滅亡埋下了伏筆，其中最有名的是牛僧孺與李德裕的「牛李黨爭」。但「朋黨之爭」也在隨時間不斷變化，文宗時期，鬥爭的雙方是李宗閔和李德裕。李宗閔和李德裕的父親曾在一場科舉考試中結下了仇，結果冤冤相報，愈演愈烈，朝廷也跟着分成兩派，爭鬥不休。連唐文宗也感歎：「去河北賊易，去朝廷朋黨難！」黨爭往往就起於這樣的個人恩怨，意氣用事，卻一發不可收拾，最後用國家利益替他們買單。

司馬光向來強調君主在政治體系中的重要性，認為朋黨之爭的根本原因就是皇帝不夠賢明。如果明君在世，乾綱獨斷，賞罰分明，臣子就會服從皇帝，不敢結黨了。這話有一定的道理，但客觀地說，拿這個標準把黨爭的責任都歸到唐文宗頭上是不公平的。唐文宗本身還是不錯的，每天閒暇之時就捧着《貞觀政要》看，又專門請人給他講唐玄宗的故事，顯然有一番恢復祖宗盛世的抱負。然而他即位時，內廷宦官已經坐大，連禁軍都控制在宦官手裏。文宗兩次想除掉宦官都失敗了，反而徹底被這幫伺候自己的奴才挾持，自己都說處境連漢獻帝也不如。在這種情況下還談什麼賞罰分明、乾綱獨斷？顯然脱離實際。宋代黨爭也十分嚴重，司馬光本身就是持保守立場的舊黨領袖，激烈反對以王安石為領袖的新黨的變法改革。而舊黨內部也不是鐵板一塊，比如，蘇東坡兄弟對王安石變法就有自己的立場，後來竟發展成所謂「蜀黨」。司馬光身邊就有現成的例子，他恐怕也是有感於現實，借古諷今吧。

伍肆

宦官用權，為國家患

——評歷代宦官專權

宦官用權，為國家患，其來久矣。蓋以出入宮禁，人主自幼及長，與之親狎，非如三公六卿，進見有時，可嚴憚也。其間復有性識儇利，語言辯給，伺候顏色，承迎志趣，受命則無違遷之患，使令則有稱愜之效。自非上智之主，燭知物情，慮患深遠，侍奉之外，不任以事，則近者日親，遠者日疏，甘言卑辭之請有時而從，浸潤膚受之訴有時而聽。於是黜陟刑賞之政，潛移於近習而不自知，如飲醇酒，嗜其味而忘其醉也。黜陟刑賞之柄移而國家不危亂者，未之有也。

東漢之衰，宦官最名驕橫，然皆假人主之權，依憑城社，以濁亂天下，未有能劫脅天子如制嬰兒，廢置在手，東西出其意，使天子畏之若乘虎狼而挾蛇虺如唐世者也。所以然者非他，漢不握兵，唐握兵故也。

太宗鑒前世之弊，深抑宦官無得過四品。明皇始隳舊章，是崇是長，晚節令高力士省決章奏，乃至進退將相，時與之議，自太子王公皆畏事之，宦官自此熾矣。及中原板盪，肅宗收兵靈武，李輔國以東宮舊隸參豫軍謀，寵過而驕，不復能制，遂至愛子慈父皆不能庇，以憂悸終。代宗踐阼，仍遵覆轍，程元振、魚朝恩相繼用事，竊弄刑賞，壅蔽聰明，視天子如委裘，陵宰相如奴虜。是以來瑱入朝，遇讒賜死。吐蕃深侵郊甸，匿不以聞，致狼狽幸陝。李光弼危疑憤鬱，以損其生；

郭子儀擯廢家居，不保丘壟；僕固懷恩冤抑無訴，遂棄勳庸，更為叛亂。德宗初立，頗振綱紀，宦官稍絀。而返自興元，猜忌諸將，以李晟、渾瑊為不可信，悉奪其兵，而以竇文場、霍仙鳴為中尉，使典宿衛，自是太阿之柄，落其掌握矣。憲宗末年，吐突承璀欲廢嫡立庶，以成陳洪志之變。寶曆狎暱群小，劉克明與蘇佐明為逆，其後絳王及文、武、宣、懿、僖、昭六帝，皆為宦官所立，勢益驕橫。王守澄、仇士良、田令孜、楊復恭、劉季述、韓全誨為之魁傑，至自稱「定策國老」，目天子為門生，根深蒂固，疾成膏肓，不可救藥矣！文宗深憤其然，志欲除之，以宋申錫之賢，猶不能有所為，反受其殃。況李訓、鄭注反覆小人，欲以一朝譎詐之謀，翦累世膠固之黨，遂至涉血禁塗，積尸省戶，公卿大臣，連頸就誅，闔門屠滅，天子陽　縱酒，飲泣吞氣，自比赧、獻，不亦悲乎！以宣宗之嚴毅明察，猶閉目搖首，自謂畏之。況懿、僖之驕侈，苟聲色球獵足充其欲，則政事一以付之，呼之以父，固無怪矣。賊污宮闕，兩幸梁、益，皆令孜所為也。昭宗不勝其恥，力欲清滌，而所任不得其人，所行不由其道。始則張濬覆軍於平陽，增李克用跋扈之勢；復恭亡命於山南，啟宋文通不臣之心；終則兵交闕庭，矢及御衣，漂泊莎城，流寓華陰，幽辱東內，劫遷岐陽。崔昌遐無如之何，更召朱全忠以討之。連兵圍城，再罹寒暑，御膳不足於糗糧，王侯斃踣於饑寒，然後全誨就誅，乘輿東出，翦滅其黨，靡有孑遺，而唐之廟社因以丘墟矣！然則宦者之禍，始於明皇，盛於肅、代，成於德宗，極於昭宗。《易》曰：「履霜堅冰至。」為國家者，防微杜漸，可不慎其始哉！此其為患，章章尤著者也。自餘傷賢害能，召亂致禍，賣官鬻獄，沮敗師徒，蠹害烝民，不可遍舉。

夫寺人之官，自三王之世，具載於《詩》《禮》，所以謹閨闥之禁，通內外之言，安可無也。如巷伯之疾惡，寺人披之事君，鄭眾之辭賞，呂彊之直諫，曹日之救患，馬存亮之弭亂，楊復光之討賊，嚴遵美之避權，張承業之竭忠，其中豈無賢才乎！顧人主不當與之謀議政事，進退士大夫，使有威福足以動人耳。果或有罪，小則刑之，大則誅之，無所寬赦；如此，雖使之專橫，孰敢焉！豈可不察臧否，不擇是非，欲草而禽之，能無亂乎！是以袁紹行之於前而董卓弱漢，崔昌遐襲之於後而朱氏篡唐，雖快一時之忿而國隨以亡。是猶惡衣之垢而焚之，患木之蠹而伐之，其為害豈不益多哉！孔子曰：「人而不仁，疾之已甚，亂也。」斯之謂矣！

卷二六三・唐紀七十九・昭宗天復三年

宦官當權，危害國家，由來已久。大概因為宦官經常出入皇宮，君主從小到大與他們關係親近，不像三公六卿，進見有時間限制，君主對他們的嚴肅正直感到忌憚。宦官中間又有聰明伶俐、能言善辯、察言觀色、迎合君主志趣的，他們完全順從君主命令卻沒有絲毫抵觸，使喚起來又稱心如意。除非聖明的君主，洞察情理，深謀遠慮，除了伺候自己以外，不委任宦官重要事務；否則，就會一天天地親近內宮的宦官，一天天地疏遠外朝的百官。久而久之，有些宦官甜言蜜語、低聲下氣的請託，潛移默化、潤物無聲的訴求，君主往往就答應了。於是官員任免、賞罰的大權，就不知不覺落到了宦官手裏，這個過程就像飲美酒一樣，喜歡它的味道卻忘記它能醉人。任免賞罰官員的大權轉移而國家不亂，是從來沒有過的。

東漢衰亡之時，宦官最為驕橫，然而那都是假借君主的權力，如同城狐社鼠有所倚仗來擾亂天下，沒能像唐朝這樣，劫持天子如同控制嬰兒，手握廢立大權，往東往西都按照自己的意思，天子懼怕他們如同騎着虎狼腋下又夾着毒蛇一樣。造成這種情況的原因不是別的，就是東漢宦官不掌握兵權，唐代宦官掌握兵權的緣故。

唐太宗鑒於前代弊病，嚴格抑制宦官，規定宦官的官階不得超過四品。唐玄宗開始壞了規矩，對宦官又是尊崇又是重用，晚年讓宦官高力士批閱奏章，甚至任免將相這樣的大事也時常與他商議，連太子王公都敬畏他、侍奉他，宦官自此氣焰囂張。等到「安史之亂」，中原動盪，肅宗在靈武即位，集結軍隊，宦官李輔國以東宮舊臣的身份參預軍謀。過分的寵信使他愈加驕橫，最終肅宗也不能控制他了，以至於愛子、慈父都不能庇護，憂慮恐懼而死。唐代宗即位，重蹈覆轍，宦官程元振、魚朝恩相繼當權，暗中操縱大權，蒙蔽聖聽，不把天子放在眼裏，欺凌宰相如同奴隸。名臣來瑱入京朝見，因宦官程元振誣告其謀反而被賜死；吐蕃侵犯京師郊野，仍隱匿不報，致使唐代宗狼狽逃到陝州；名將李光弼憂憤而死；郭子儀被罷官回家；僕固懷恩被冤枉壓制，無處申訴，最終捨棄功名，轉而叛亂，這些都是宦官弄權導致的。唐德宗即位之初，大力整頓法紀，宦官稍被貶斥。但自興元返回長安後，德宗猜忌諸將，認為李晟、渾瑊不可信，奪了他們的兵權，而任命宦官竇文場、霍仙鳴為神策軍中尉，讓他們掌管皇宮警衛，從此刀把子落入這些宦官手裏。唐憲宗末年信任宦官吐突承璀，吐突承璀想要廢掉嫡子，改立庶子，釀成宦官陳洪志殺害唐憲宗的事變。寶歷年間，敬宗親近宦官，結果宦官劉克明與蘇佐明謀逆，趁敬宗醉酒更衣時將他暗殺，此後監國的絳王李悟及文宗、武宗、宣宗、懿宗、僖宗、昭宗六帝，都是宦官所立，宦官愈發驕橫。王守澄、仇士良、田令孜、楊復恭、劉季述、韓全誨是宦官首領，甚至自稱「定策國老」，視天子為門生。宦官勢力根深蒂固，唐朝病入膏肓，不可救藥！唐文宗非常怨恨宦官，立志要除掉他們，像宋申錫那樣賢德的人，尚且不能夠有所作為，反受禍殃；何況李訓、鄭注這些反覆無常的小人，想要用一個詭詐計謀，剪除根深蒂固的宦官勢力，結果被宦官挫敗，鮮血灑滿了皇宮的道路，屍體堆積在尚書省門前，公卿大臣一個接一個全家被殺，天子為了保命，只能裝聾作啞，借酒消愁，忍氣吞聲，自比周赧王、漢獻帝，不可悲嗎？以唐宣宗的嚴肅認真、明察秋毫，尚且閉目搖頭，自稱害怕，何況驕奢淫逸的懿宗、僖宗，他們只要有歌舞美女、打球遊獵滿足欲望，就情願把政事統統交給宦官，稱呼宦官為父親，這就不足為怪了。賊寇打進長安，佔領宮殿，皇帝兩次逃亡梁州、益州，都是大宦官田令孜造成的。昭宗不能忍受這樣的恥辱，想要重整江山，但是用人不當，方法錯誤。為消滅藩鎮勢力，昭宗令宰相張浚討伐節度使李克用，結果張浚在平陽全軍覆沒，增強了軍閥李克用飛揚跋扈的氣勢；為鏟除權宦楊復恭，昭宗奪了他的禁軍兵權，導致他逃亡到秦嶺以南，勾結各地藩鎮軍閥對抗中央，開啟了軍閥宋文通不守臣節的心思。結果各大軍閥在皇宮裏交戰，箭甚至射中了昭宗的衣服，昭宗逃至莎城，流寓華陰，被幽禁在東宮，又被李茂貞（原名宋文通）劫持到岐陽。宰相崔胤無可奈何，又召來另一大軍閥朱全忠發兵討伐李茂貞。朱全忠統帥大軍包圍岐陽城，皇室再次遭受苦難，昭宗御膳不足，王侯凍餓而死。李茂貞被迫開城議和，在朱全忠的挾持下宦官首領韓全誨被殺，昭宗車駕東行後，朱全忠又把宦官餘黨全部殺光。昭宗被劫持到洛陽，最終被朱全忠殺害，唐朝的宗廟社稷也因此淪為廢墟！宦官禍亂，始於明皇，盛於肅宗、代宗，成於德宗，極於昭宗。《易經》說：「走在霜上而知道嚴寒就要來了。」治理國家的人，應防微杜漸，怎麼能不從一開始就小心謹慎呢？上述這些是宦官為害尤其明顯的事例。其他的像謀害賢才，招致禍亂，賣官鬻爵，司法腐敗，敗壞軍隊，坑害百姓，都列舉不完。

宦官起初又叫寺人，始自夏商周時期，《詩》《禮》等書對其有詳細的記載。把守皇宮門禁，傳遞內外消息，沒有宦官是不行的。宦官中間難道就沒有賢才嗎？比如，巷伯嫉惡如仇，寺人披忠誠事君，鄭眾辭讓賞賜，呂強直言進諫，曹日昇解救危難，馬存亮平息禍亂，楊復光討伐逆賊，嚴遵美避讓權位，張承業盡忠報國等都是典型。只是國君不應當與他們謀議政事，讓他們參與任免官吏，使他們有足以動搖他人的威望。如果宦官犯罪，小罪判刑，大罪誅殺，無所寬赦，這樣的話，即使讓他們專橫跋扈，又有誰敢呢？豈能不察善惡，不辨是非，想要像割草捕禽一樣把宦官斬盡殺絕，能不亂套嗎？因此，袁紹屠殺宦官於前，結果董卓乘機削弱漢室；崔胤屠殺宦官於後，結果朱全忠乘機篡奪唐朝。誅殺宦官雖然痛快一時，但國家也隨着滅亡了。這就好比厭惡衣服上的污垢就把衣服燒掉，擔心樹上的蛀蟲就把樹砍掉，造成的損害不是更多嗎？！孔子說：「人如果不仁，痛恨過分，就要發生禍亂了。」說的就是這麼回事啊！

講評

司馬光這篇針對宦官專權而發的史論，酣暢淋漓、精彩絕倫！唐朝宦官從伺候皇帝的奴才一步步成長為專擅朝政，甚至對皇帝也掌握生殺廢立大權這一過程已經鮮活地呈現在我們面前。這裏只提兩點：第一，司馬光直擊要害，指出唐朝宦官掌握兵權是其專權甚於東漢的關鍵因素；第二，司馬光同時也不忘提醒後世，宦官作為君主的親信，也要辯證看待，不可全部消滅。

首先，宦官掌兵權。宦官的本質就是在后宮伺候皇帝的奴才，跟兵權根本不沾邊。宦官能專權完全是由於皇帝的信任，他們的權力都是皇帝給的，只是狐假虎威。皇帝一旦對他們失去信任，除掉他們就像捏死一只螞蟻一樣簡單。同樣有宦官專權的東漢、明朝都是這樣。東漢靈帝相信了宦官說的黨人謀反的鬼話，授權宦官進行鎮壓，黨錮之禍才得以展開；明朝末年大太監魏忠賢那麼囂張，結果信任他的天啟皇帝一死，討厭他的崇禎皇帝一上台，他馬上就倒台了。但唐朝中後期比較特殊，「安史之亂」「藩鎮割據」的長期持續，武將叛亂的反覆發作，使皇帝對領兵大將產生了嚴重的戒備和不信任感。而此時朝廷文臣裏又缺少像唐初李靖、長孫無忌那樣文武兼備又深得皇帝信任的人才。此外，為了防止謀權篡位，本該與皇帝關係親密的皇親國戚也給看管起來了。皇帝看來看去，還是宦官這些天天伺候自己的奴才、廢人最可靠。結果神策軍，即禁軍的兵權落到了宦官手裏。於是形勢陡然逆轉，宦官的權力一下子由虛變實，從皇帝掌握宦官的生殺大權變成了宦官掌握皇帝乃至滿朝文武的生殺大權。宦官專權變得空前嚴重。

其次，宦官不可全部消滅。司馬光給出的理由是溝通皇宮內外需要宦官，宦官裏面也有好人，不可一概而論。在這個善惡忠奸的外表下，司馬光已經觸及問題核心——中國古代的專制君主要想維持絕對權威，身邊必須得有服從自己的親信。打江山的創業皇帝在戰爭中樹立起來的威信有目共睹，滿朝文武都是跟着他打天下的哥們弟兄，都是他的親信。對於宦官，他們根本瞧不上眼。但到了王朝中後期，皇帝從小生長深宮，宦官就是他們的夥伴和親信。有些宦官確實飛揚跋扈，但除掉這些不忠的宦官後，皇權還得靠其他宦官支撐，因為這些宦官對皇帝忠誠和親近感遠遠超出那些滿口忠義的外朝大臣。在藩鎮林立的唐朝後期，宦官儘管多次殺害皇帝，但始終對李家皇室忠心耿耿，其掌控下的十幾萬神策禁軍正是李唐皇權賴以與地方藩鎮維持平衡的後盾。在王朝後期皇帝和朝廷、地方的關係疏遠的情況下，如果宦官也被一網打盡，那麼皇帝就真成了孤家寡人了。所以，我們看到，唐朝末年宰相崔胤引來軍閥殺光宦官之後，一時竟出現了各種夫人、女官參與公務運作的局面。如今皇帝身邊可以信賴、使喚的只剩下這些女僕了，等待着他的只能是被軍閥朱全忠玩弄於股掌直至謀權篡位的命運。

伍伍

知用兵之術，不知為天下之道

——評後唐莊宗與後周世宗

或問臣：五代帝王，唐莊宗、周世宗皆稱英武，二主孰賢？臣應之曰：夫天子所以統治萬國，討其不服，撫其微弱，行其號令，壹其法度，敦明信義，以兼愛兆民者也。莊宗既滅梁，海內震動，湖南馬氏遣子希範入貢，莊宗曰：「比聞馬氏之業，終為高鬱所奪。今有兒如此，鬱豈能得之哉？」鬱，馬氏之良佐也。希範兄希聲聞莊宗言，卒矯其父命而殺之。此乃市道商賈之所為，豈帝王之體哉！蓋莊宗善戰者也，故能以弱晉勝强梁，既得之，曾不數年，外內離叛，置身無所。誠由知用兵之術，不知為天下之道故也。世宗以信令御群臣，以正義責諸國，王環以不降受賞，劉仁贍以堅守蒙褒，嚴續以盡忠獲存，蜀兵以反覆就誅，馮道以失節被棄，張美以私恩見疏。江南未服，則親犯矢石，期於必克，既服，則愛之如子，推誠盡言，為之遠慮。其宏規大度，豈得與莊宗同日語哉！《書》曰：「無偏無黨，王道盪盪。」又曰：「大邦畏其力，小邦懷其德。」世宗近之矣。

卷二九四・後周紀五・世宗顯德六年

譯文

有人問臣，五代帝王中，唐莊宗、周世宗都號稱英武，兩位君主中誰更賢明？臣回答說：天子之所以能統治萬國，討伐不服，安撫弱小，推行號令，統一法度，敦明信義，是因為他能兼愛萬民。唐莊宗滅梁以後，海內震動，湖南留後馬殷派兒子馬希範入朝進貢，唐莊宗說：「我近來聽說馬家的基業終將被高鬱所奪。如今他有這樣的好兒子，高鬱怎麼能得手呢？」高鬱是馬氏的重要謀士。馬希範的哥哥馬希聲聽了唐莊宗的話，最終假傳父命殺了高鬱。唐莊宗如此離間人家君臣關係，是市井商人才幹的事，豈有帝王體統！唐莊宗是善戰的人，所以能以弱小的晉國戰勝強大的梁國，奪取天下，但是取天下之後，還沒幾年，就眾叛親離，沒有棲身之地。確實是由於他只知用兵之術，卻不知治國之道。

周世宗以信義駕馭群臣，以正義要求各國，後蜀的鳳州節度使王環因不投降而受到獎賞，南唐大將劉仁贍因堅守淮南而受到褒揚，南唐嚴續因盡忠而獲得生存，後蜀士兵因反覆無常而受到誅殺，馮道因喪失氣節而被拋棄，張美因私恩而被疏遠；江南沒有歸服，世宗就親自冒着箭雨進攻，一定要打贏才罷休；江南降服以後，世宗便像愛護子女一樣地愛護江南百姓，跟他們推心置腹，為他們作長遠考慮。他的恢宏大度，唐莊宗豈能與他同日而語？《尚書》說：「不偏袒不結黨，治國的王道浩浩盪盪。」又說：「大國畏懼他的實力，小國懷念他的仁德。」周世宗最接近這段話了。

講評

司馬光這段評論比較了後唐莊宗和後周世宗兩個以英勇善戰聞名的皇帝。後唐莊宗李存勖，是唐末最大的藩鎮軍閥河東節度使、晉王李克用之子。李家本是漢化的突厥沙陀部貴族，因鎮壓黃巢起義有功，被唐朝賜國姓李氏，封為河東節度使，控制今山西地區。唐末李克用一度崛起，被加封晉王，最終在與宣武節度使朱全忠的爭霸戰爭中受挫，鬱憤而死。臨死前，李克用囑咐李存勖一定要滅了篡唐建梁的朱全忠，恢復唐朝的社稷，給自己報仇雪恨。李存勖發憤雪恥，英勇善戰，在與梁朝的戰爭中反敗為勝，滅了梁朝，建立後唐。李存勖是軍事天才，但搞政治不行，又沉迷於音樂戲劇，寵信優伶，不理朝政，不久就眾叛親離，被亂軍所殺。

後周世宗柴榮是後周太祖郭威的養子，天生英武，雄才大略，在位期間削弱藩鎮，加強中央集權，征南唐，佔領了長江以北的地盤；北伐契丹，奪回了被石敬瑭割讓給契丹的部分土地，奠定了北宋統一全國的基礎。正當他準備一鼓作氣收復被契丹佔領的全部失地時，天妒英才，染病而亡。

司馬光認為周世宗比唐莊宗更賢明，關鍵在於與人民的關係。兩人雖然都很英武，作為統治者光英武是不夠的，關鍵還得看治理國家的能力。「得民心者得天下」，唐莊宗李存勖靠武力打下天下，但治國無能，又用陰謀詭計離間自己的臣民，使國家沒安定幾天就重新陷於地方叛亂當中，被亂軍所殺；周世宗雖然也憑武力四處征伐，但他勝利之後能削弱藩鎮，收復失地，促進統一，又以信義安撫人心，使人們看到天下太平的希望，從這一點看，確實比李存勖高明。

參考文獻

● 司馬光編著、胡三省音注：《資治通鑒》，中華書局一九五六年版。
● 脱脱：《宋史》，中華書局一九七七年版。
● 王夫之：《讀通鑒論》，嶽麓書社二〇一一年版。
● 陶懋炳：《司馬光史論探微》，湖南師範大學出版社一九八九年版。
● 張宏儒、沈志華主編：《資治通鑒文白對照全譯》，改革出版社一九九三年版。
● 黃錦主編：《文白對照全譯資治通鑒》，新世界出版社二〇〇九年版。
● 劉後濱、李曉菊主編：《資治通鑒二十講》，中國人民大學出版社二〇一〇年版。
● 淩文超編著：《資治通鑒簡編》，中國民主法制出版社二〇一二年版。